王丹 著

邢万军 主编

辛弃疾
从来诗剑最风流

北方文藝出版社

图书在版编目（CIP）数据

辛弃疾：从来诗剑最风流 / 王丹著. -- 哈尔滨：北方文艺出版社，2019.3（2019.8重印）

（走近诗词品人生 / 邢万军主编）

ISBN 978-7-5317-4386-6

Ⅰ. ①辛… Ⅱ. ①王… Ⅲ. ①辛弃疾（1140-1207）－人物研究②辛弃疾（1140-1207）－宋词－诗词研究 Ⅳ. ①K825.6②I207.23

中国版本图书馆CIP数据核字（2018）第257079号

辛弃疾：从来诗剑最风流
Xinqiji Conglai Shijian Zuifengliu

作　者 / 王　丹	主　编 / 邢万军
责任编辑 / 路　嵩　张贺然	封面设计 / 琥珀视觉
出版发行 / 北方文艺出版社	邮　编 / 150080
发行电话 /（0451）85951921　85951915	经　销 / 新华书店
地　址 / 哈尔滨市南岗区林兴街3号	网　址 / www.bfwy.com
印　刷 / 廊坊市国彩印刷有限公司	开　本 / 710mm×1000mm　1/16
字　数 / 163千	印　张 / 12
版　次 / 2019年3月第1版	印　次 / 2019年8月第2次印刷
书　号 / ISBN 978-7-5317-4386-6	定　价 / 36.00元

序

　　四十余年的沧桑血泪，家国之情注入辛弃疾的灵魂。繁华江南不见初时景，烟雨楼台忆成残梦。金军铁骑金戈，鞭指南境，从此汴梁沦陷。

　　离乱之人，无限苦衷，含悲忍泪的辛弃疾的祖父辛赞因家庭人口众多，无法从容南渡，只得屈心以仕敌。然他口传言教，带着那小小的孙儿辛弃疾，登高望远，指画江山，悲从中来。燕山北行客，暗谋兵机先，辛弃疾小小年纪就游历过金国腹地燕山，英雄志气已注入他的心底。

　　二十二岁，"季子正年少，匹马黑貂裘"，少年的辛弃疾意气风发，雄姿洒脱，满腔的热血滚烫，而在他的眼前是一片片的沦陷区中宋人被欺辱的惨烈，是百姓的痛苦与挣扎，黯刀魂，不见来时路。

　　兵连祸结未罢休，金主海陵王完颜亮要踏平江南，将那三秋桂子，十里荷花的宋地尽要纳入他的掌中，百姓愁苦万端。金兵没想到的是竟被南宋名将虞允文取得战机，吃了败仗，金国内乱之中，完颜亮被部下所杀。一时之间，风云大变，义军各处聚起。刚刚过了弱冠之年的辛弃疾聚集两千人加入耿京的起义军，奋举义旗，起兵二十五万人，势如盘龙，威震金兵，不想因叛徒张安国杀死耿京，导致义军失利。

　　"壮岁旌旗拥万夫，锦襜突骑渡江初。"仅带五十余人的辛弃疾杀破五万金兵，突袭金营，活捉叛徒，天纵之才，壮士惊慨，名重天下。

　　三十二岁，"江晚正愁余，深山闻鹧鸪"，归宋境之辛弃疾，宝剑深埋，不得展志，游走在宋代官场之中，遍尝辛酸。刚拙自信的辛弃疾尽心政事，剸繁治剧，傲视权贵，把英雄之气尽付惠情佳政，让百姓得以危难寻道，十年之生聚，以图未竟之业。

四十二岁，"醉里挑灯看剑，梦回吹角连营"，被罢官的他，走马江湖，与众词客书写壮词，放意激越，将诗入词，兴比连赋，无不淋漓酣畅。

六十四岁，烈士暮年，壮心不已，他又被南宋朝堂起用，一腔热血化为冰雪，本以为报国有门，却无路可去。数年压积之块垒，终为信念不屈。数次丢官，不畏人言；但有时机就必尽心竭力，"却将万字平戎策，换得东家种树书"，数年后，一代英杰抱憾而终，琴音已断，揾英雄泪。

辛弃疾一生波澜起伏，曾有二十多年间被朝廷频繁调动了三十七次之经历。但是，每当他得到一次机会，就尽力做事。他抱忧国爱民之心，寄豪情于辞章之间，格调激昂而情致沉练，以诗入词，以文化境，尽入翰墨之间，存世词作颇多。辛弃疾的不放弃，坚持，坚守，坚定，可撼泰山，可复河山，可壮江山。

词为诗之余，讲词亦先要解诗。古代的诗歌从四言诗到五、七言诗，是不断积累发展而来的。诗歌发展是离不开音乐的，特别是有了永明律之后，诗歌创作就必须要讲究格律，待到了隋唐之时，燕乐盛行，由隋唐燕乐曲调浸润较多的急慢诸曲以及结合近体诗的声韵安排，以错综变化作为长短句，纷纷涌现。倚声填词遂成为宋代文学创作的重要文体。

辛弃疾师法于前人，而别出新格，创立天地，壮心激昂。辛弃疾的豪放之词曲韵清扬，含蕴高古，风流豪俊又不失婉约之致。南宋飘摇风雨之路，他踽踽独行。准以兵机入词语，是宋代少见的真正有侠心剑胆，征战疆场，英雄豪气的独铸伟词之人。

本书赏析稼轩词之风格特色，点拨南宋之昔世烟云，以抒情的笔调写出辛弃疾剑胆琴心，词意纵横之间的傲然而立之风骨，结合宋词的创作技法等方面探究，写出词人的传奇一生。

目录

第一章　谁能知此非常夜

　　翩翩少年　指画江山　　004

　　雄豪锐气　江湖侠影　　012

　　运谋天下　弦断无言　　022

第二章　浮沉宦海几度秋

　　清愁不断　怎解连环　　033

　　轻歌一曲　柔肠刚音　　037

　　惜民恤力　再振家邦　　047

　　风波未息　何觅归期　　056

第三章　莫放离歌入管弦

　　扑灭茶商　云乱浪翻　　069

　　历遍山川　英雄无路　　079

　　前路茫茫　逆水行舟　　095

第四章　飒飒风雨几度秋

带湖风光　隐志藏心　　103

一代词宗　陶写性情　　112

挑灯看剑　人世万端　　136

瓢泉之思　风雨际会　　142

第五章　雄心奇胆老将心

几重曲折　甘苦谁知　　151

江海滔滔　干戈未息　　164

林泉含泪　醉酒当歌　　168

江山北望　遗恨浩叹　　174

后记 / 183

第一章

谁能知此非常夜

天纵豪情，跃马挥洒，他如此而来。

辛弃疾的一生纠葛了无数的恩怨悲愁，可格局之外别有洞天。他如此昂扬磊落，正是壮志如歌，从未低眉俯首于人，凛然风骨，慨然而歌。时势晦暗，却造就了这样一位文与武，侠与情的伟丈夫。

万卷兵书胸中藏，一腔碧血映日红，英雄如此，人生何以寥落？清风不染，利禄无心，铁血报国，婉然开辟词之新境。

他的词作大声镗鞳，小声铿鍧，横绝六合，扫空万古，自有苍生所未见。清代的词论家称他为词中杜甫，开辟新境。

如果我们能够穿越回到八百多年前，就会明白，为什么在一个小小南宋末期会出现这样一位英雄，他的一生的挣扎，一世的跋涉，有着怎样的深邃之苦，又是何等的正气浩然？

翩翩少年　指画江山

《满江红》

点火樱桃，照一架荼蘼如雪。春正好见龙孙穿破，紫苔苍壁。乳燕引雏飞力弱，流莺唤友娇声怯。问春归不肯带愁归，肠千结。层楼望，春山叠。家何在？烟波隔，把古今遗恨，向他谁说？蝴蝶不传千里梦，子规叫断三更月。听声声枕上劝人归，归难得。

风吹故纸，开卷即吟《满江红》。《满江红》，又名《上江虹》、《念良游》、《伤春曲》。唐人小说《冥音录》载曲名《上江虹》，后更名《满江红》。宋以来始填此词调。

那年的火红樱桃映着荼蘼如雪，这荼蘼花是晚春之时尚开，呈攀援之态，倚架而结，《红楼梦》中写麝月的判词即云："待到荼蘼花事了"，借用之处就是宋代的王淇之词，衰飒之气已隐隐透出。红白相间，又是一种相映相对的无情。竹笋穿破长满青苔的土阶，似春光恰好。乳燕带着雏燕振翼而起，可力弱不胜，流莺呼唤朋友，娇声软语，怀情低怯。

一位中年男子独立晚春将尽之时，风卷起，似有所思，那摇摇风华，碎碎春景之间，埋藏着一种蓬勃希望之内的千回百折的隐忧。无数次的失败，时不予，岁不更，年华不在，万般情愁千结，可他仍在寻觅春山叠，家何在？

江南之美景会令人沉醉，可在他心事未了之时，春意已浅浅，难留余芳。阅尽春光仍是恨，烟波影落，古今遗恨，谁人可懂？

从古而今，有几种苦是最让人难耐的，求不得之苦，得而复失之苦。可还有一种苦是明明已然有机会成就理想，却偏偏要眼睁睁看着落空，河山本可收复，也有良谋在胸，可就不让你去做。

能识得这种苦的，都不是平常之人。岳飞已然打到金国边境，就差一步，樊篱可破，却必须"十年之功，废于一旦"。这种压力来自于他拼死忠于国家，一力担起乾坤，却碰上了无可奈何的时缘。

若你不同意，请看《三国演义》里的诸葛亮，他在上方谷已算准了如何引司马懿入谷，料得司马父子必败。这司马父子被困在山谷之后，被蜀军所放之火烧得兵马乱成一团，这出祁山之大业，正是功在此战。谁知，忽然天降大雨，熄灭了这场大火，从此蜀汉再想将这老奸巨滑的司马懿投入罗网，难如登天。孔明对天长叹，不久就在五丈原病死，原来天下之事，最终难敌天数。这都是英雄之失吗？不得不让人叹息"时也"，"命也"。

同理，这位低吟着孤单的中年人，念念在心的是远远的"家"的影，并非为他之私，而是宋国百姓的祈盼。

他就是辛弃疾。

写作此词之时，他已然担任江西提点刑狱，确在何年已不知，然共情写意，大约已是风入劲秋的中年宦游之时。

他反用唐代崔涂之诗"蝴蝶梦中家万里，子规枝上月三更"一联，蝴蝶梦不成，子规啼，不如归去，离愁心染。杜鹃啼血映黄昏。李商隐有句"望帝春心托杜鹃"，相传杜鹃为蜀帝之魂化之，是思念故国的典故。

《红楼梦》里林黛玉的丫鬟叫紫鹃，有人说其文秀可亲，却不知紫鹃的名字就同样赋予了一种侠气，她才能敢于为黛玉出头，以情辞试贾宝玉。我曾经在一部创作的小说《环影情缘》里为女主角取名黄文娟，为其设定的性格亦是聪明而坚定，绝非是文弱娟秀。

"不如归去"，"不如归去"，顶真格的写法，辛弃疾以此句法直接重复再点"归难得"。辛弃疾纵然在心中呼唤过无数次，现实里竟一次又一次碎梦难圆。

一生雄心报国的辛弃疾，在词牌《满江红》如此雄壮的曲调之中，悲情却渗透其中，淋漓满纸，化用典故无痕，反用诗句浑然，辛弃疾的词之妙，就如同在口中反复咀嚼的橄榄，壮、悲、情、力，说不尽的美处，赏不尽的历史沧桑。

若以为辛弃疾如此着意，大约不过是食君之禄，担君之忧罢了，那就是不解词意之人。辛弃疾心中有着比财富权位更重要的事，为之甘苦皆愿尝，生死皆愿往，那是以生命追随的伟业。

他为何由北而南，是什么让他有这份担承，这就要从他少年意气满乾坤的岁月溯起。指画江山如故旧，祖业先传有心人。童年是谁也抹不去的，就如垒垒大厦起于砂石，滴水聚散云霭无边。

那一年，正是靖康元年。黑云压城城欲摧，开封，正在风雨飘摇之间。

金兵已将此城团团围住，宋朝皇帝是刚刚被推上皇位的赵桓，而他的父亲——那位以书画风流名世的道君皇帝赵佶，此时已成为太上皇，早早逃离了开封。

金军兵分两路，一从山西，一从河北，进攻南宋。这场战祸本不应发生的。金国原本与宋朝配合，共攻辽国，可宋军总是失策失利，等金国攻破辽国之后。宋朝又向金国索要燕云十六州，金人从一次次与宋朝的和谈之中，从宋朝"六奸"之一的童贯丧师败绩之中，已然明了宋朝内虚外弱的实情，倾兵南下，欲灭宋朝。

皇帝可以软弱逃走，可老百姓不答应。他们纷纷组建忠义民兵，保卫家园，进攻山西的金军被拼死厮杀的民兵挡在半路。而东路金兵却长趋直进，攻到开封城下。

危急之时，却并非没有取胜之机，北方诸路仍有宋军驻守。宋朝只要坚城固守，争取时间，孤军深入的金兵必然顾虑重重，自会退兵。

凡用兵之道，当临事以应机，未战最怕先怯。可赵桓却错判了形势，不取主战之议，暗自与金人和谈。金军在商量怎么撤走之时，宋朝竟给了他们一个天大的惊喜，同意了割让山西、河北、河间之地的请求，完全答应金国的议和条件，锦帛财富重许。

狼子野心的金兵窥见宋廷之无用，就又开始了新的攻势，终逼得宋朝自乱阵脚，全军在赵桓黜废主战重臣的情势之下，攻入开封城。风雨之下，皇室漂泊，两帝蒙尘金国，从此半壁江山沦落，就有了中国历史上极为惨烈的一幕。

宋太祖赵匡胤尚言："卧榻之侧岂容他人酣睡！"没想到后世赵佶这个道君皇帝昏愦无用，钦宗赵桓谋计不明，竟将锦绣河山沦陷，"靖康之耻"成了宋人挥之不去的心头血痕。

山东，本周公之旧治，齐鲁之要冲，陶陶礼治万古长灯。可时光暂逝，风景早换，金军铁骑直灭汴梁，将花柳繁华地，富贵锦绣乡尽变尘埃。

济南本是山东之独秀，有世所闻名的泉水滋润，清扬婉兮，不想亦难幸免，沦陷在金兵之手，哀鸿遍地，风侵雨蚀。辛弃疾正是出生在这济南历城的四风闸。

辛弃疾的始祖辛维叶，在唐曾任大理寺评事，由陇西狄道迁济南，故为济南人。高祖辛师古，曾任儒林郎。曾祖辛寂，曾任宾州司户参军。有家学传统，文武艺俱通，大多文士只求"货与帝王家"，传承的士风精神却未必皆有，而辛弃疾的祖父辛赞为人有大略，他有着沉重的使命感。

曾有懂得掌故的人说，凡是一门出一个文才卓绝的人，必然是祖上也会有文才出众之辈，换句话说古代的这些得了功名的人或是以文闻世的人都是有好的文学遗传素养。其中的原因，最关键的是家族传承的品学风气，但也要看个人的修为，辛弃疾也是如此。但是，给他的担子是相当沉重的，因为他出生在一个兵连祸结的年代。

当金兵攻打济南之时，百姓哭怨一片，逃难的人牵衣捻袖，向南而迁。辛赞却因族中人口众多，无法逃走，只能留在济南。为了存一线之生机，他含垢忍耐，出仕金朝，当过亳州、开封等地的守令，然他历宿亳、涉沂海，其志不移。

"士"当有"士"之品格，辛赞始终不忘故国，如何在压抑的环境下成就不世之功业，他始终暗暗谋划其中，恢复大宋河山就是他的心腹之事。

南宋绍兴八年到九年之间，宋廷正处于主战派激昂奋起，也是宋金之形势可逆转的关键时期，无奈时机转瞬即逝。绍兴十年，正值衰风飒气之时，辛赞却不改素志，恢复大业时时在心，暗将江北之局势谋划在胸，盼有一朝重振河山。辛家就在这沦陷之地内勉强生活着，祈盼着。

这一夜，是绍兴十年的五月十一日卯时，随着一声婴儿的啼哭，辛赞的眉头舒展开了，他的孙子诞生了。这孩子长得有异相，胖胖的身子，小脸微微泛红，眉宇眼神之间有些青色之气，凌厉非常。更奇的是这孩子的背胛，似青兕，就是像青色的犀牛一般的厚实。这是主何相呢？

古代的一些相书曾指出背上有痣之人，所谓背负千斤，会多些磨难，可这孙儿肩上的肌肉厚实，却健而有力。辛赞暗暗称奇。辛弃疾就这样来到人间。他是背负怎样的使命，将成就何等英雄奇业呢？关于青兕的说法，自然还有下文，辛弃疾生有奇相，却是史书有载。

辛赞为这个小孙儿取的名字如同"霍去病"一样，是为了福佑多多，无病无灾，平安长大。

此时距金兵攻破开封城，"靖康之耻"之时，已经过去了整整十三年。江山风雨飘摇，沦落之地的百姓饮泣含悲，辛家也历经了风雨，辛弃疾的父亲辛文郁去世，辛弃疾是由辛赞教导长大的。当他两岁的时候，岳飞冤死在风波亭，这是一个标志性的拐点，"十年之功，废于一旦"，岳飞的担忧被现实印证。一直担心"撼岳家军难"的金兵闻知此事欢呼雀跃，而无数有志之士对南宋之晦暗朝局心灰意冷，默默离去，谁还愿在绝境之处搏杀？

可这个小男孩却在祖父的教育下，意气风发，磨砺成长。据《稼轩先生年谱》记载，辛弃疾曾随祖父到过河南开封，那时开封已然是金国之地，因为辛赞曾到开封就职，辛弃疾方得此行。看到了开封城廓的残破，百姓们无言饮泣，他甚至到了曾经的禁中之地，看到了凝碧池。河山破碎，让人不忍直视，这给幼小的辛弃疾留下了相当深刻的印象，以至成年以后的他，还赋词记写。

祖父辛赞把全部希望寄托在这个孙子的身上，每每退食之时就会和辛弃疾讲述家国的不幸。风滚滚，雷阵阵，一老一小亦无惧，奔走金国之地。祖父辛赞牵着辛弃疾的小手，带他登高望远，指画山河，欲报国破之仇。

辛弃疾看到的是怎样的一幕？

早年金兵曾逼那汉人剃发换服，又掳掠其财，甚至把人卖至金国，为奴为婢，百姓的生活苦不堪言。金国本远居北方，对于忽然得到的大片的中原之地并没有想好怎么管理，等到金主完颜亮主政，他希望能够完整统治好这片土地，于是定都在燕京。金国也想了一些屯田的法子，比如让女真人管理汉人，可实际上是掳掠霸占汉人的土地、财富，抢劫汉人的家当，逼得老百姓走投无路。

百姓们不满金兵的压榨，又无力反抗。辛弃疾亲眼看到这些贫穷的百姓生活饥寒交迫的惨状。这一切都深深刻在了他的心里。

那些贫苦的百姓百般无奈之下聚集成群，反抗金兵的暴行，忠义民兵形成了浩大的声势。可是南宋朝廷对这些忠义民兵始终不信任，一则以惧，一则以喜，怕民兵成势，会推翻他们的统治，除了宗泽这样的贤臣能联合其势，余者甚少给予民兵支援。

到处都是苦难的人含悲忍泪，切盼恢复，河山满目疮痍，这一切烙印在辛弃疾幼小的心中。祖父的望南长叹，怜悲百姓的心绪也感染到了小小的辛弃疾。辛弃疾正因深知民众之苦，当金军来犯，就立定志向要从军迎敌。

由于辛赞常常带他登高远望，指点山河，辛弃疾词境中的山河之姿往往会有一些军事上的意味，大气雄浑之格已从此时定基。

英雄本是出少年，辛弃疾十几岁就跟随着蔡伯坚学习，蔡伯坚，又名蔡松年，晚号萧闲老人，这也是一位诗词名家。明代汲古阁著名的藏书家毛晋曾经记载了这样一桩事情。

少年辛弃疾绝非仅仅是每日读书写文的学生，他是有勇气将理想付诸行动的人。他想自己去寻找一位老师，很多人觉得不可思议，当时的学子都是看哪里老师有名望，就在哪里就读罢了。可辛弃疾却非如此，他想要一位真正的名师，是能助他成才之人。

于是，辛弃疾拿着他的诗词作品登门向蔡松年求教，蔡松年因陷落在金地，但为人比较重学，不计学生家业之有无，他不会去关注眼前这位少年的背景如何，地位如何，而只看其作品。一读之下，蔡松年震惊了，当时即赞辛弃疾："诗则未也，他日当以词名家。"辛弃疾的勇气和才能，在少年时，就已初露锋芒。

他的这位老师蔡松年的词作清丽尤工，乐府诗与吴激齐名，时号为"蔡吴体"，辛弃疾在诗词领域终能成一代大家，亦是有名师相传。

老师对他的性格也有一定的影响，蔡松年因为"靖康之难"，陷于金国，曾出仕金廷。但他的性情豪迈不拘，又有文人风范，凡能成才之人必有慧眼相识之伯乐，欲有前途，充实自身的同时，亦须在生活中觅得知己，才有助翼。

学生时代的辛弃疾就与党怀英是同学，这两个人都喜诗词，皆有文才，号为"辛党"。由此可见，蔡松年还真是长于诗词，方能让学生皆有造诣。

辛弃疾胸怀大志，他注重的并非诗词之道。他对军事策略的探究更感兴趣，这才是实学。他十四岁就随计吏去燕山参与考试，暗查金国动向，为日后反金做准备。

可那党怀英却遇到了坎坷，应举不得意，为家世所累，放浪山水之间，后乞致仕，一生都在金国，成为金国的一位臣子。虽然他诗赋有得，也是一代学者，可难与辛弃疾相提并论。

不一样的际遇也造就了不一样的人生，辛弃疾所处环境、所交往的朋友并不都是英雄之辈，然他却能够在任何境遇里，都能坚守心志。他抗金之志亦是从少时而定，决意南向，格局之大之高，自然不与宵小之辈苟同。正如《三国演义》里孔明所言："有君子之儒和小人之儒"，既是文人也各有不同，有的人文章名世，可为人不正，卖主求荣。这样的"小人之儒"又有何意思呢？

辛弃疾让人感慨的正是他始终给词作之中融入积极的活力，将豪情壮志融入词作，有君子之大才，才能成就《满江红》这样的名篇，才能让人感叹，一般风月两样人生。人生的路怎么走，关键还看自己。

总以为英雄只活在史册那泛黄的字迹里，他们没有经历过我们的经历，不明白我们的心路，后来才知千古同一理。今天的我们在求学之时尚有成绩、家庭背景等的差异，可是未来却是要看人的境界与志向，有这样的目标，才能成就辉煌。文章千古之事，传世之功绩才能证明一个人的自我价值，哪里只是一生一世的得失？

像辛弃疾这样怀有大志之人，想来能够与他志气相投的人在当时金国的地盘上，也不会有多少，打压排挤者不在少数，但这些并不能够让他放弃所求之志，所守之心。这样的人才会走得开阔，才能够做大事。

和光同尘固然是好，独秀成峰也绝无不妥。每个人都有每个人的活法，必有这样的人，方才能有这一番事业。滚滚而去的历史，沉埋不了这些"独一个"的人的风姿，他们之所以最终能够做到从心所欲，却不被碾压成尘，就是因为他们的精神气质之不同，成就了彪炳千秋之功绩。

雄豪锐气　江湖侠影

《汉宫春》

春已归来，看美人头上，袅袅春幡。无端风雨，未肯收尽余寒。年时燕子，料今宵梦到西园。浑未办黄柑荐酒，更传青韭堆盘。却笑东风从此，便薰梅染柳，更没些闲。闲时又来镜里，转变朱颜。清愁不断，问何人会解连环。生怕见花开花落，朝来塞雁先还。

这首词是辛弃疾二十三岁时写的。当然这绝非他平生第一首，因为岁月埋葬了他所有早期的在金国沦陷区内的作品，现存世皆南归之作。

春已归来，却渐多风雨。当时的他从金国沦陷区山东回到南宋之地时，虽然他已归故土，但心中的怀思终未放下。当时辛弃疾新娶了范邦彦之女、范如山之妹范氏为妻。这位夫人是他续娶的继室，原配赵氏病故。辛弃疾南归之后，方又订亲。原配的去世，让这多情男人伤情伤魂，而初到南方，家室未安，也让他感到伤感。

随后，据刘宰在《故公安范大夫及夫人张氏行述》中说，范南伯"女弟归稼轩先生辛公弃疾，辛与公皆中州之豪，相得甚"，可知范南伯与辛弃疾都是南归之人，相处甚欢。此时，辛弃疾的家室刚立，诸般安排尚未停当。而从辛弃疾后来的词作来看，这位范夫人是知书达理贤惠端庄之人，她曾为了劝辛弃疾不要饮酒，在墙上写字。辛弃疾有一首《定风波》词，题为"大醉归自葛园，家人有痛饮之戒，故书于壁"。她是一位如此贤德，又有情趣的女子。后来范如山之女又嫁给辛弃疾之子。

依南宋的风俗，立春时节总有互献黄柑酒，品尝青韭来祝节气的习惯。辛弃疾却匆匆从北而来，寓居镇江，并无黄柑酒，也没青韭。只有余下的春寒未尽，这立春时节，新人如玉，头上的春幡（即由彩绸扎就的各种形态的绸饰）随风而舞，这本是美人美景，可诗人之心却能梦到故园。

此句看似起得平平，其实却转变了宋词以兴来起的方式。如李清照的"昨夜雨疏风骤，浓睡不消残酒"，如张孝祥"长淮望断，关塞莽然平"等皆有飞驰想象，寄寓家国之意，而辛弃疾并无太多铺垫之意，却是一篇古文的写法。如晚清谭献《复堂词话》评此词起句为"以古文长篇法行之"，他此时已开始尝试将古文笔法入词。谭献长于诗词文互衡，方能看出辛弃疾早有以文为词形成风标之处。

从"春幡"这两字上，有前人看出，辛弃疾此词亦非仅是述家事，而是仍系于国事之上。他少年意气，觉得皇帝又错失了一个重要的整顿兵马、收复旧河山的机会。他暗以燕子犹记年时好梦指觉祸，"雁"字与"燕"字，则是影射五国城旧恨，也就是宋代的两帝曾被金国掳走，囚在五国城，燕京与南飞之大雁，一笔双描，从而指出此诗为辛弃疾怨诗之最，表面为伤春之作，姑备一论。

接下来的一句，"却笑东风从此，薰梅染柳，更没些闲。"本是写意象，实事忽然虚笔一勾抹尽，将论述之文句放到词里。

"东风"这个意象在宋词中颇多佳意，"小楼昨夜又东风"，是对前尘故土的思恋之情。辛弃疾却换了一样。英雄自负的他念念不忘的是金兵仍在不断向百姓侵袭的余寒，是每每梦到西园，满目皆是百姓的辛酸疾苦。到底何是东风，有何好意？

春天匆匆将柳树添新绿，让百花盛开，然终归是空忙，调笑之笔而作无奈之情，愈加深重。岁月无情，感叹春到，故乡何在？竟是以春闺而寄心意。再接一句"转变朱颜"，"朱颜惊暗换"，古诗常有的意思，感叹年华不再来。

可接下来，又变成无迹之意，"清愁不断，问何人会解连环"，"清愁"却是让人感悟的，连环局势，何时可解，虽是伐金之期已至，却仍无相助相携之物。花开花落，朝云暮雨，塞雁早归，这些意象都没有确指出是什么，但有两个字"怕见"，这是词眼，可见词人心中的隐忧。

他无法来缓解与故乡咫尺天涯的痛苦，这二十年的成长生活经历，使他深知沦陷区百姓之艰难情状。

辛弃疾望着大雁飞来，触动情思，知那种清愁难断，无人会解连环。看似春愁闺怨，实为何等沉埋的深痛，怕见花开花落，叹息不如大雁能北归的自如。笔端的英雄气里尽成无数风雨，让人难纾心结。

如若我们寻常之人遇到新婚燕尔，美妙时节，又回到故乡，过上了暂时的安稳的日子，怕会小安则乐，不会有那么多的忧愁思绪。可辛弃疾却不然，触景皆关他胸中之志，豪放词里不失去流连婉转的情思，他的人生注定是波澜壮阔的。

少年时期的辛弃疾的形象是复杂的。在宋金大战之际，或在双方总在和谈之时，但从来没有少过剑拨弩张的暗算。

他曾经暗察金兵形势，揣摩山水地势，十五岁与十八岁的他还在祖父的指导下曾参加金国的进士考试，实为抗金报国暗谋韬略。

翻阅史料，在宋朝真正出身低微的人，非是朝廷所派，又非处境所逼，而有主动意识去查敌情的人并不多。而这些人的命运也并不如意。如洪皓就曾到金国为使，结果因为发现金军意图对宋用兵，对和谈毫无诚意。他有心传信给宋朝，没想到被发觉，被金军控制在燕京。然最终他虽然因为宋金的第二次绍兴和议，回到宋朝，却因知韦皇太后，即赵构母亲沦落金营，与金人为妻，还生育子女等的丑事，被韦太后忌惮，终被害死。在外忍辱负重，在内却有性命之虞，这才是真的不公。

像辛弃疾这样非朝廷所派，祖父辈又都是末端小官，竟主动去调查金军内情的人着实是少，而他也没有预料到未来的命运是否会如洪皓一样被伤害。

暗战从来不会有刀光剑影，实际上却危机四伏。辛弃疾以参与金国科考之名来深入河朔金军腹地，查知敌情。他只有十五岁，何等俊帅风流，何等精明干练。他的名落孙山是意料之中，这倒给了他再次去金国腹地调查敌情的机会。这是一位精明的未来将帅，他早已明白了解敌情、掌握敌军动态的重要性。

他又是一位纵横江海的侠士。诗酒放旷的生活不是少年辛弃疾的意态，快意恩仇，豪情万状，以志扶国，以能定局，侠气纵横于江湖，才是他的风姿。

尘沙飞腾，时光倒流。烈马狂奔，一名僧人没命逃跑。追他的少年如风似影，轻蹄断落之间，长剑抵天寒。

僧人再想不到，他的诡诈伎俩被识破后，竟被这少年追得无力回顾，只感觉背后的一股强大的气流卷袭而来。

他是义端，是一个想要在乱局里捞些好处的和尚，心里如此打算，嘴上却能大谈演兵之道。他聚起些人马，却没打算去和金兵死拼。

待人以诚的辛弃疾有时会与他交往，听他谈兵论法，倒像个做事的人。

辛弃疾觉得义端可信，推荐给了他的老大耿京。

谁知道，这义端是个背信弃义的人。出卖老大的事，在他心中并不算啥。他本归顺了义军首领耿京，没见到实惠，暗地盘算倒不如投奔金兵。

名为"义端"，却偏要干不端之事，叛逃之前他偷走了耿京的印信。

姓辛的少年，身形健硕，如一头青色的犀牛，死追他不舍。

风沙乱起，少年拔剑，义端落马，滚落在地。

少年手中多了一样东西，印信！

义端和尚，知道要玩完了，生死之际，忽然想起"佛"来，不断求饶。

"我识得你，你是青色犀牛下界，求给我一条生路！"

少年仰天一笑，这个时候，叛逆之事已成，有何可说？

是朋友，是兄弟，早已情绝，背叛义军，岂能容得？

霜雪般剑光闪烁，取了义端的人头。

这少年可称之为"侠"，他就是辛弃疾。

二十一岁的他明了事体，江湖踏雪，尽为忠勇。

回到耿京之地，他交待得明白，义端是他推荐于耿京，如行诡事，必诛之。若有再叛逆者，请试剑。

敢担责，不推诿，铁血汉子一条。辛弃疾推荐义端和尚之时，想来仅是因为义端也是起义军的一支，他以为自己心怀天下，其他义军自也应如此。显然，初入世道的辛弃疾阅历还浅，没看出义端的品质到底如何。

辛弃疾在义军中当掌书记，是管理耿京军队的印信的。义端和尚竟然经不住金国的利诱，卖友求荣，从辛弃疾身边偷出印信，想交给金国。辛弃疾若不杀义端，耿京必将杀他以警众军。如今，辛弃疾快马如风，杀死义端，这让耿京很是震动，义军皆知辛弃疾的忠诚，这也可看出农民出身的耿京，如此信任一位懂文学、有学识的辛弃疾是难得的，更难得的是他宽容了辛弃疾的错处。

没有什么比跟着这样一位老大打拼，更让人欣慰的了。

辛弃疾是第一次就跟随了这样一位领导，对他是有何等的影响，这是不言而喻的。从此，辛弃疾跟随耿京，相知相识，结识天下英雄，继续踏上征途。

更大的战局将迎接着他，他将如何应对？

辛弃疾于军事富有谋略，有"经纶之才"，青少年时的他已然是词中魁首，得到词坛前辈的称赞："他日当以词名世。"二十出头的他，已然成为一代帅才。

以词名世并非他的理想，辛赞虽然在金国官职低微，可是祖父的口传身教让辛弃疾从小就立定了一生的志向，即是要为国出力，收复故土。

他从小习剑，剑术高超。他的剑尖是沾过人血的，不是那些诗人腰间的装饰品，或是仅挂壁之上的礼器。

他一心之所系是愿为国家谋定战机，收复失地。

可惜天意弄人，他来到南宋，竟变成"东风去了，负了英雄志"。

有人说少年享盛名，晚景必不长。辛弃疾是复杂的，既有婉转细微的心思，又有豪气干云的情怀。辛弃疾的词作一改词坛充斥的绮思情态，变成一派英气里深藏着的功与名，何以悲沉如此？这就要从那场让"圣天子闻而三叹"的奇绝之战说起。

《水调歌头·舟次扬州和人韵》

落日塞尘起，胡骑猎清秋。汉家组练十万，列舰耸高楼。谁道投鞭飞渡，忆昔鸣髇血污，风雨佛狸愁。季子正年少，匹马黑貂裘。

今老矣，搔白首，过扬州。倦游欲去江上，手种橘千头。二客东南名胜，万卷诗书事业，尝试与君谋。莫射南山虎，直觅富民侯。

"季子正年少，匹马黑貂裘"，跃然纸上的是一位英姿勃发的少年将军，身着黑色的貂裘驱马奔驰于疆场。当年，辛弃疾是何等英武，如何纵横疆场的呢？

首句中"落日"的意象为凄茫之境地，塞外风尘滚滚。时当绍兴三十一年，为了得到那"三秋桂子，十里荷花"的江南之地，金主完颜亮起兵侵宋。秋天正是金军兵强马肥之时，金军多以骑兵擅胜，方在这个时机进攻。

当时的局面非常复杂，"落日塞尘起，胡骑猎清秋"，金兵的兵马攻势之强已见，正是因南北之对峙已成不得不发之势，一边是"胡马"，一边是"汉家"；一边是以骑兵谋江南，一边是严阵以待的宋朝官兵。"汉家"代指宋朝，"耸层楼"气魄极大，稳静如山，这正是苍生啼血泣泪之时。问苍茫大地之上，谁能扶此危局？

当时在山东各地，不堪忍受金国压迫的民众聚而起义，此时正是用兵之机。

辛弃疾早已多年磨剑，运筹谋策，他暗中观察金国部署，正要借势而起。

正是真英雄出乱世。这二十二岁辛弃疾聚众二千，敢于举起义旗，反抗金兵。他的单枪匹马，身披黑貂裘，少将潇洒之态，威震江湖。

战势紧急，辛弃疾深深明白，仅靠这支薄弱之队伍，不能有全胜的把握。此时，同为山东济南人的耿京揭竿而起，他治军有道，义军迅速发展，不久即聚众数十万人。是时，王友直起兵大名，也表示愿意受耿京节制。耿京遂自称天平军节度使，节制山东、河北诸路抗金义军，声势之大让金人胆寒。

辛弃疾就投奔了耿京。这是他第一次遇到贵人，耿京令他演兵操习，步步提升。

有人会以为忠义军只是一群乌合之众，不可能形成真正的抗金力量。可了解宋史的人都知道，从宗泽开始，就重视将这些忠义民兵尽数联合，让他们成为保卫南宋的力量。后来岳飞又定下"联结河朔，对抗金兵"的方略。这些忠义之兵可能兵器配置、军事策略上不及南宋正规军，但他们却是人数占优，且皆是在沦陷区饱受金国欺压之苦的底层大众，一旦得到正确的操练，就必能以一当十，成为重要的抗金力量。

此时，辛弃疾的祖父辛赞也刚刚去世，承续祖父的遗志，辛弃疾含恨愤慨，更加奋发前进，断不令金兵前进半步。

金主完颜亮本来夸下的海口，说要三天破江南，结果因金国内部政权分裂，落得个身首异处的下场。

在这首词作里，辛弃疾连用了苻坚投鞭断流、冒顿作鸣镝、魏太武帝拓跋焘被太监所杀的三个典故来记此宋金之战，金国以内乱外，成惨烈之局的状况。他看似说的是金国，却已寄寓了他对南宋内部的某种分裂而使得外无助佐的失败的感慨。

试想一少年英雄值此大利时机，大多会选择前攻。而辛弃疾却有更深远的谋略，凡以势胜不能久长，以苏秦之谋来行连横之策，他希望耿京能够联合南宋，方以势谋且。

其中，他既有忠贞报国之心，也有战略的选择。

辛弃疾为了让抗金事业更加形成规模，劝说耿京与南宋联系，让耿京奉表归宋。深为器重辛弃疾的耿京听从了他的意见。于是，辛弃疾与另一耿京的部将贾瑞就来到了南宋建康。

当时的赵构又到了要利用军队的时候，腐朽没落的南宋小朝廷见到耿京的军队来投，当然也要做做文章的。赵构加封了辛弃疾和耿京的官职。

谁知耿京竟被叛徒张安国出卖，被张安国杀死。张安国暗中与金人相勾结，这就可见义军的内部尚不够稳定。

方年二十三岁的辛弃疾闻报知，心痛非常。辛弃疾回到海州，与众人谋划道："我因主帅归顺朝廷的事前来，没想到发生变故，拿什么复命呢？"

辛弃疾一怒之下，邀约统制王世隆及忠义人马全福等，点五十名将士，驱马闯入济州官府。要知道，那里可是盘踞五万金兵的地方，五十名将士要破五万金军，这是个什么概念呢？可以说翻阅历史，八成只有霍去病和岳飞可以相抗。

当时张安国正在开宴会，他一时还摸不清楚辛弃疾的用意，有恃无恐，就让辛弃疾进来。辛弃疾见到张安国二话不说，直接五花大绑起来，这批跟着辛弃疾的将士都忠肝义胆要为耿京复仇，一起发力，拼杀出来。

辛弃疾向济州兵士说明是为耿京复仇，不少济州将士是耿京旧部，一招攻心计，不少兵士随他而去。活捉叛徒张安国后，他不分昼夜，一路飞马狂奔，将张安国押送到建康。此事惊动南宋朝野上下。

这可真是传奇之战，也是辛弃疾一生最为光辉的一战。此战的影响达到何种程度呢？后世的文士读了都会为之击节而叹，甚至连当时的《济南府志》都这样记述，说辛弃疾是在灵严寺抓了张安国，他单枪匹马一下子闯入金营，一刀割去张安国的首级，千里快马加鞭向南狂奔，将叛将头颅送还南宋。然早有史家觉得这样的行事真是武侠小说里刺客了，辛弃疾当然不会是"一剑寒天地，追风万里客"的西门吹雪，但他这番英武之姿，也真是精彩极了，震惊得后世之人只能无限遐想辛弃疾当年的风采绝胜。

这也是辛弃疾频频在词作之中回顾的一战。有勇有谋的少年帅才，明明是未来护国之柱，多年后终究成为最让人悲慨感叹的一战。

惊震朝野的少年英雄，以少胜多大破金兵，竟使得一向以和议为重的皇帝赵构闻此事而三叹息。可是我始终在想，一位刚刚得到任命的英雄少年仅仅听闻有知遇之恩的主帅被害，就不向皇帝打个招呼，自行去处决叛徒，这会不会使得一向对军人有所忌惮的宋朝皇帝赵构心生疑惧呢？

赵构生平最不喜欢的就是违反他或是不听从他的命令的人。岳飞曾因为不得淮西之军，一怒之下以祭母为名义跑到庐山。这就已经给赵构留下了不好的印象。同样的一位少年英豪辛弃疾居然轻而易举取了金军将领的脑袋，皇帝嘴上是赞美，心里却也不得不加了防备。

这首词已经是辛弃疾晚年之回忆所作，当时的他已被皇帝投闲置散，他想到了冒顿谋杀生父，响箭上染满血迹，佛狸南侵在风雨中节节败退，最终也死在他自己的亲信手里等等历史故事。他仍想有所作为，当年那位少年俊帅的男子经历风雨，更多的是对南宋小朝廷这种内部状态的隐忧。他曾经像苏秦一样愿以才华辞胜天下，又有倚天屠龙之术来为国奔走效劳。然战马已逝，雕弓未挽，人已渐老。为何不能扶大厦于既倾，真的是在于时运吗？未必然。

辛弃疾之所以可以纵横出入，杀败张安国，这也是源于他对金国情况的了解，这与他多年生活在金国沦陷区有着很深的关系。对于皇帝来说，这样的人并不能完全信任，"归正人"的身份会让他受到很多排挤与委屈。朝廷的用兵只是抵挡金军入侵，只是想维持住两国无争，表面上的稳定状态，并没有想深入到金国内部以寻机迎还二圣，完整收复失地。辛弃疾本就是义军出身，其祖父又在金国当过官，南宋的赵构是很难相信这样的人会真心实意完全忠实自己的。

但辛弃疾却不会这么想，少年时的他对南宋朝廷并不了解，因此一战功成之后，他竟被赵构安排到江阴当签判，辛弃疾的心里并不能太理解。这是远离边境之地，又是一个与兵事无关的闲差，这就可见辛弃疾归宋之后已进入了一个更加窘迫的境地。

遇到坎坷之时，方能见各人心性。胸有权谋之人会表面上采取安居之态，而暗中积极联系各方面人士，以求再能掌权。比如三国时期的曹操认为袁绍组织的诸侯们会盟不伐董卓，干脆自己带一队人去打，战之不胜，军队就成了自己的武装，却不会将兵权还给袁绍。辛弃疾将叛徒押回南宋时，他是带着忠实于耿京的旧部的，他想的是让朝廷处治背叛者，断不会想到，再去自领这支兵马做事。

袁世凯被闲置之后，表面做做浇菜园子的农夫，实际上北洋军阀仍在其指掌之中，万不会真去隐居。可辛弃疾在有权指挥兵马之时，不为自己谋算；当朝廷对他薄待之时，他在词中流露出隐居之志也并非故作姿态，他是有忠心的，在微末之小官中再谋起机。

这就是枭雄、奸雄与英雄的不同。

"今老矣，搔白首，过扬州。倦游欲去江上，手种橘千头。二客东南名胜，万卷诗书事业，尝试与君谋。莫射南山虎，直觅富民侯。"晚年的辛弃疾虽有些对岁月无情、对建功立业无期的叹息，可他在职份内，在他的交游圈内，尽力做些事情，并无谋逆之心，尽是一片为国操劳之志，辛弃疾屡次被调派不同地方的闲差，都能有所作为。

在写《水调歌头》这首词之时，辛弃疾已然四十多岁，但词风烈烈，仍有如此英豪气，让人长叹一声，雄豪锐气真不因年龄而不同。纵然，天意不许，痴心亦不能改换，奇士皆如此。

纵观此词，正如四库馆臣在《稼轩词》里对辛弃疾词所评的："慷慨纵横淋漓，有不可一世之慨，于倚声家为变调，异军特起，能以剪红刻绿之外屹然别立一宗。才气俊迈似乎奋笔而成。"

运谋天下　弦断无言

《满江红·暮春》

家住江南，又过了清明寒食。花径里一番风雨，一番狼藉。红粉暗随流水去，园林渐觉清阴密。算年华落尽刺桐花，寒无力。

庭院静，空相忆，无说处，闲愁极。怕流莺乳燕，得知消息。尺素如今何处也？彩云依旧无踪迹。谩教人羞去上层楼，平芜碧。

时光倒转，二十多岁的辛弃疾被派到江阴当个小官——签判。

再读辛弃疾年少之时初当江阴签判时所创作的这首词，感觉到这不是为赋新词强说愁的男孩，而是有志难伸之人渐有企盼，却又无处着落之笔。观词就如看画，点染之间让人看到景中之景，意外之意。词与诗的不同之处在于，宋词更多的不以寄大事而多个人的私情闲绪，反而更能写出词人心理的潜在底色。从山东济南的疮痍兵戈未休之地，到了江南的花柳之处，正是少年青春正好的玩乐，可是辛弃疾的词里却多是悲婉多慨，唱出一阙《满江红》。

看到这个词牌，第一时间就会想到岳飞的《满江红》，"待从头，收拾旧山河，朝天阙"。当初我在创作一部南宋的小说之时，就为之击节大赏。然，岳飞并没有创作过《满江红》，仅是后人托拟。辛弃疾却不一样，他这一首《满江红》

更有一番滋味。《满江红》宜放笔抒豪情，可是辛弃疾却以工笔绘景，低婉如歌。然此词却悲情婉转，借伤春之语吐露心结。

公元1164年，在江阴任签判的辛弃疾只有二十三岁，这个年纪的人都是青春猛力十足，想要拼杀一番事业的，何况他是一位少年英雄，怀有经天纬地之才。他一腔热血，正要出头之时，却被安排在江阴屈任一闲差，那年的月，那年的春，入他之笔，尽成难诉之泪。"家住江南"，哪里有家，不过是一寄寓之地，整个宋境半落敌手，词人已知，暂时尚无离开江西的处境之机。

"又过了清明寒食"，寒食为清明之前一二日，晋文公推介子推出山，可他就不肯侍朝廷，隐居在首阳山，晋文公烧山令他出仕，他亦不肯。此词又是首句点出时间、地点，起句平平，可直转而起"花径里一番风雨，一番狼藉"，邓光铭先生指这是暗示宋代隆兴符离之战。

此时的皇帝已经换了，宋高宗赵构于1162年禅位给他过继的儿子，即皇太子赵昚，赵构是有政治手腕的人，可作为皇帝却没有一番报国安民之志，影响了南宋命运的走向。宋孝宗即位后改变了赵构对金屈服之政策，起用主战派的张浚，委任他为重要的军事长官。张浚却是大言夸夸之人，当年南宋中兴四将里，岳飞才是伟略雄才，屡屡抗击朝廷奸臣秦桧，可张浚却对秦桧的恶政不敢深为阻抗，压力之下，明哲保身为上。

那时的辛弃疾似乎又看到了抗金之希望，他向张浚陈述以分兵攻金人之策，对于这么一个小小人物的建议，风头正盛，权势正热的张浚当然是不采纳的。结果是如何呢？

张浚对此战的军事能力表现的确是很差，他起用的李显忠和邵宏渊两个人还未开战就已经有了摩擦，兵士分赏不均，上下不和。当金兵压境之时，地方军不战自溃，士兵们奔逃不及，互相踏踩，死者无数。器甲及粮草丢弃满地，南宋多年积累的物资全数损失。

朝廷对这场败仗心有余悸，将张浚等主战派赶出了官场，万马齐喑，再不敢兵锋北伐。而此时的辛弃疾担任江阴签判之时已满，改任广德军通判，显然朝廷没有将他提拔到重要军事岗位的意思。按说他最应该做的事，是沉默自守或顺应局势，不举主战之议。可什么也动摇不了这位青年人的雄心，即使他已然是一个芝麻绿豆大小的官，即使他仅仅曾是忠义军的书记，也有归正人之嫌，辛弃疾却为南宋谋划，敢于向皇帝谏言。

就宋代来说，给皇帝上奏疏的人，资格范围还是很宽的，往往会出现布衣上书之事，这种谏言的形式得力于宋太祖定下的"不杀士大夫及上书言事者"的老规矩。当然这在赵构这个昏君当政的时候，一度发生过动摇。年少的赵构就办过一件蠢事，杀了上书的有功名在身的陈东，影响很不好。虽然后来赵构更懂得官场之道，懂得掩饰，为陈东恢复了名誉，可这种例子一开不知后边会有多少人受害。

辛弃疾有一种勇气，就是敢于和皇帝谈主战抗金的大业。符离之战的失败，已然不会有什么人再敢提兴兵之事，朝廷中人皆噤声不语，可这个时候，就是这么一个小小人物向孝宗皇帝上了一篇大论。这篇大论即《美芹十论》，又名《御戎十论》。

明珠暗投，数年萧瑟沉沦，对他来说没有什么介意的，他要的是国泰民安，复兴大业的成功。写这篇雄文之时，他只有二十六岁。他就要对皇帝陈议，写出这篇著名的《美芹十论》，"芹"，是指礼物微薄，不成敬意。辛弃疾之文名虽如此，却是一篇洋洋洒洒的宏论。

他的滔滔雄论里，直接揭破了金军对南宋的侵略意图，南宋一直是以守为主，只要金军不入侵，那就大家相安无事，全没有攻战主动之权。而金军却是打得赢就向死里打，打不赢就求和，这样一来，整个战势的主动权就全在金国手中。辛弃疾所言是极正确的。

从宋太祖开始几次考虑要将国都迁到长安，可是都没有实际的行动，最终定都在开封，从地势上说，宋军就没有太多优势。金军只要渡过黄河，就能长驱而抵东京。宋朝重文轻武，虽然本身的军事实力并不弱，可一直都处于守的状态。因而，岳飞当年差点直捣黄龙，与诸君痛饮，这种以战为守的战略是正确的。

辛弃疾多年在金国生活，他对金国的形势是很了解的。金国地处塞外，资源总会不足，羡慕宋朝的京华富足，以骑兵为主的他们有着强大的作战实力，拿不到的东西就要抢来，是有野心的对手。这样的敌人要是一味退让，只能助长其气焰。辛弃疾要求作战就必须了解敌人的真实意图，明白对方的动向，而让他们摸不清我军的动向，这样才能有取胜之机。

《美芹十论》里，辛弃疾为了给南宋士人坚定信心，他从兵势、地势等十个方面论述，有七利在宋朝，三弊在金朝，所以必须敢与金军作战，就能取胜天下。《美芹十论》里，他先表示了一定要将"南北有定势，吴楚之脆弱不足以争衡于中原"论调打破，不是说国家位于南方就一定不能打胜北方，坚定当时士大夫们的信心。执这种论调的人是对抗金缺少必胜的把握，把一切都推给了地理问题，然历史从南打到北取得成功的也有，比如朱元璋建立明朝，就是从江南攻击北地，进而一统天下的。

辛弃疾看到了南宋因符离之战的失败被打击掉了的士气。张浚与金军交战在符离，大败而归。这一战，使得宋朝再不敢挥军北上，而主和派又一次站在了前面，朝野上下不敢言战。辛弃疾纵论符离之战仅是一次"小败"，用兵之上凡"小胜小败"皆不足以动撼人心，这是兵家常事，不是说打了一次败仗就再也没有打胜的机会。

他纵论符离之战中争取战争的主动权是没错的，不然永远是在被动挨打。虽然失败了，但宋朝不能从此就畏惧金人如虎，不敢再向前走一步。小胜负无关大成败，只要能从中总结经验，就必然能够再起风帆，收拾旧山河。

他已然看明白当时宋人的士气总会因为一场战争的失利而被打击的。南宋朝廷并无久战之心，因小败就不再进攻，不能面对失败的人不能成功，《美芹十论》将他的所有思考都放在其中，激励宋人之斗志。

其实，虽然赵构已然禅位，但是他的影响对朝廷中各派系仍是存在的，特别是他的主和之议。对宋高宗赵构来说，每一次错判形势，都是因为拿不准到底是不是应该继续打，有没有胜利的把握，他想要的是十成十的算准再战，然临场应战，这是不可能的。其实，就算是宋钦宗回来，因他已多年离开权力中心，回来了也不可能有什么作为，"迎两帝北归"，对赵构来说虽有一定不愿抗金的影响，但不足以让他完全放弃抗金。而对宋军的力量没有信心才是他的大难题。岳飞本已节节胜利，就差点可以与君痛饮，直捣黄龙了，赵构却死命以十二道金牌催他归朝，显然赵构不了解当时的战势，宋兵进攻他没有把握，又怕武将拥兵自重。换句话说，赵构每一次挨了金兵的打，就不思进攻，是对宋朝的军力信心不足，重文轻武，对武将始终有忌惮。他更愿意的是把主和派和主战派的矛盾都消弭掉，来稳定他的统治，而并不想真的去收复失地，寻求战机。而他的儿子宋孝宗也有这样的个性弱点，因为一次失败，就没有了十足的把握，朝廷之局势已然变化，和议之风再起。

辛弃疾却哪里知道帝王权术，他是文人风骨，军人气质。他的《美芹十论》从军事策略上一步步加以分析，让皇帝明白金朝内乱频频，百姓热切盼望王师北定这都是能够取胜的重要因素。可就当时的局势来看，宋孝宗实是没有那么大的勇气，而南宋的资源也的确有所消耗，何况辛弃疾只是一个小小通判，在朝廷上没有什么势力。

辛弃疾再以细论，点出南宋不是没有取胜的机会，但一定要知己知彼，利用金国的"离合之隙"来一战功成。这又是源于辛弃疾对金国内部情况的了解，金国内部的确是矛盾重重，但这仅是辛弃疾能够观察到的真实情况，南宋未必如此了然。谁也不敢去提刚刚战败的那场符离之战，朝廷所谓的那些士大夫大多噤声不语。

这位二十多岁的小伙子辛弃疾却大胆直陈，他向皇上说，符离之战虽失败，但我们还有机会！他给南宋多年的屈辱求和委靡不振的朝廷风气带来了生气！

他认为要想战胜金兵，就必须对金兵的兵力部署，后方供应，军事动向进行刺探，掌握必要的情报，出战必须要有准备。很多文人士大夫的特点都是坐而论道，对实际的国家如何运兵，百无一策，更万万不敢深入虎穴去查探军情。辛弃疾官职低微，却敢大胆提出这样的论点，可见其家学及长期在金国内沦陷区的生活经历对他的影响，他很明白"知己知彼"之法。

他认为金兵里的契丹兵很多，汉兵也不少，这些人对金军都很不满，打仗的时候，不待胜利就全数溃败了。这些都是可以由宋国军队来进行分化利用的。金兵对汉人的残暴统治，沦陷区百姓已经怨深痛极，都形成了强大的民兵力量，这也是可联合对敌的。民心所向，必能克敌功成。

南宋对待金国的和议，往往以割地赔款收场，可这岁币全都会变成投向宋军的武器，屈辱至极，根本无力阻挡金国的倾兵南下。辛弃疾向皇上建议要停止岁币，以让三军有所怒而思奋，中原之百姓也会知道朝廷有心抗金而能成为战斗中的内应。无事为民，有事为兵，形对金兵强大的压力。最重要的是朝廷要有决心，敢于"出兵以攻人"，不能总是等着敌人之攻击。

如此剥茧抽丝，脉络明晰，论势如虹，切实可行的雄文如惊天之雷，打破了南宋朝堂之上死气沉沉的僵局。这篇雄论震动了宋廷朝野上下，在众多文人士大夫之中传阅，引起一番波澜。

要知道此时的辛弃疾只是刚刚来做事的一介小官，整个朝堂的士大夫们甚至都没有听过这个人的名字，也从来没有真正接纳过这个在金国长大而返宋的"归正人"，嫌弃排挤都说不上，因为压根就没正眼看过他。

可这个青年的勇气真的是"男儿到死心如铁"，把乾坤弄得个清明乱转，五味搅翻。朝臣们也开始议论这一篇雄论出自何人之手，嘴上不说，心中也明白这个人是真有胆识。

然而，朝廷并不重视，当时的皇帝宋孝宗还沉浸在战败的恐惧之中，南宋此时也再无充足的物资战备去再与金兵对战。辛弃疾的一番心意尽付东流。可是这位二十六岁的青年的才气与胆略却给宋朝上下有抗金之志的士大夫以深刻的印象。南宋的一些主战之人开始有了新的想法，这个叫辛弃疾的青年是一位可造之才，是能够在国家风雨飘摇之时为民出头，为国尽力的能将。

而从实际奏议的效果来说，辛弃疾的北伐之论更多的是惹来一些饱食终日，不思国危的重臣对他这个归正人的忌惮，令他的职务依然如此，不关核心兵枢的小官，明珠就此埋没。一石起波澜，转眼尽成风。

辛弃疾自从来到江阴当个小小的签判，再到广德军任通判，五年转瞬消逝。辛弃疾辗转奔波虽没有得到一呼百应，领军驰骋的机会，可那颗雄心从来未曾少歇。辛弃疾，字幼安，就是期望黎民百姓，家家户户，长久平安，他的一腔热血化成灰烬，可心成伤痕累累的他，仍在执着向前，他将满腔的悲愤，无限的韬略都熔铸在伟词之中。

在这首《满江红》里他写出"一番狼藉"是风雨衰飒，哀祭亲人，表面是化用欧阳修的《采桑子》词云："狼籍残红，飞絮濛濛，垂柳阑干尽日风"，可细品这阵阵落花，在风雨之后，满目狼籍，却是一种深入的色彩铺垫，大不同于"小径红稀"的那种狭窄的情思，看出写词之人的大开大阖。

"红粉暗随流水去，园林渐觉清阴密"，花去水流红，这样的意象是尚有的，词人却以一个"暗"字，一个"渐"字写出心中的渐渐变浓的愁云，如秦观词《望海潮》："无奈归心，暗随流水到天涯"。

真英雄，皆是有情人，心里，眼中，尽是含思绪，浓浓写出，又淡淡抹去，自是词中妙笔。可他却偏要再接一句。"算年来落尽刺桐花，寒无力"，清明而去暖意来，刺桐花落，这本是应在春之暖景来，应是喜悦之情，可是词人却觉得那时更是寒而无力。

这就是与"隆兴和议"有关，宋因此一败再不能以战为守，又让主和派成势，暖而为冷，后劲全无，这是词人能够推想得到的未来不利局势。更何况，清人评此词说辛弃疾有"髀肉复生之叹"，想来一个二十出头的少年，眼看着家国飘摇，才华沉埋，竟有岁月早逝之叹，这是何等悲哀之事！凡关心时局之人都有洞察力，辛弃疾明白这和议会拖延战机，待金国内乱尽平，再谋事难上百倍，他了势解时，更有悲绪。不是英雄就必须是永远乐观的，失地失势之英雄，比一般人来说活得更会痛苦些。

"庭院静，空相忆，无说处，闲愁极"，这寂静的庭院里，词人的思忆之人不来，这种心思又不能让那些乱传话的人得知。"怕流莺乳燕，得知消息。"这又是借春闺之怨来写情，辛弃疾是壮豪的男子，作为词人，他又有着善感的心灵。愈静愈思，不知何处能表达这种思念。他所想的是何人呢？是能解他心曲的知音人，还是能慧眼识才的英主，正因为这皆无法言说之痛，方让这一身侠气的人黯然，词作深切，并不以张狂舞剑，醉酒直陈痛述为要，可偏是婉转愈深，感人愈多。闲愁种种，更与何人说？古来的小说戏曲多此样别情，襟抱伟怀的辛弃疾也会有似而不似的无奈之情。

"尺素如今何处也？彩云依旧无踪迹。谩教人羞去上层楼，平芜碧。""赠君双鲤鱼，中有尺素书"，汉乐府多赋笔而直陈叙情，辛弃疾偏要将此意象变成疑问的情状，那解吾之心曲的信哪里去了，迢迢不见归思路，彩云依旧无踪迹。从近景推到远景，从内庭之静推到千里之孤单。

无数次的登楼相望，无数次的失望，以至于词人都羞于上层楼，待何人音信，翻成一片失意。困于此间的心意是跃然纸上的，正如李白《菩萨蛮》之词："平林漠漠烟如织，寒山一带伤心碧。"

辛弃疾悲风苦乐，断裂干戈，词为悲吟，流宕之极，含绪万端。1168年，辛弃疾被派往建康府任通判。

第二章

浮沉宦海幾度秋

清愁不断　怎解连环

《水调歌头·寿赵漕介庵》

千里渥洼种，名动帝王家。金銮当日奏草，落笔万龙蛇。带得无边春下，等待江山都老，教看鬓方鸦。莫管钱流地，且拟醉黄花。

唤双成，歌弄玉，舞绿华。一觞为饮千岁，江海吸流霞。闻道清都帝所，要挽银河仙浪，西北洗胡沙。回首日边去，云里认飞车。

辛弃疾被朝廷派到建康府当通判这个无关轻重的"佐贰之职"。这个建康府曾经也是赵构的登基之地，但通判在这里根本是没有什么实权的职位。没有什么正经的工作给辛弃疾去处理，他仅仅是在士大夫之间唱酬，组织宴会时，他可能会参与一下，增点人气。

朝廷竟如此薄待一位上过惊世之论的青年才俊，辛弃疾心中的愤懑是可想而知的。然大丈夫不能忍一时之气，就会自毁前途，他承受了多重的负担，历史就将给予他多大的重任。他走动、应对、酬唱于朝野之间，可他始终没有忘记他的使命所在。

在这个过程里，辛弃疾发觉了一个残酷的事实，就是他并没有被南宋的那些达官权贵、士人阶层所接纳，大家没有真正将他当成"士"来看待，仅是一个归复朝廷的人，一个投奔来的人。这个事实是很残忍的，可是又是真真切切存在着的关卡。

任凭你有通天的本事，可是你不在人家的圈子里，就不许你冒头，你又能怎么样呢？纵然你有雄厚振奋的《美芹十论》，可就不给你实现的机会，你又能如何？

辛弃疾很明白被朝廷派任这么个官位，根本就是一种不信任他的能力的表现。就算是他取胜也会被认为是侥幸得到的，就像当年同样有抗金之能的一名名将辛次膺也曾剿灭金贼，也一样会被打发到不关要旨之地，任小官，最后甚至被秦桧削职为民，流落民间二十年。

辛弃疾明白了，他要有新的力量去完成他的事业，首先就得让这些士人能够对他有好的印象，让他们欣赏他。如果说带兵打仗是这些文人不通的，那么词赋一道却可以为辛弃疾打开这扇门。辛弃疾在这些百无聊赖的应酬事务中，找到了一种新的机会。那就是以文才先得到他们的好印象，再找机会去重新开拓自己的事业。

辛弃疾就为赵介庵祝寿写了上面的一首词。

赵介庵是什么人呢？在绍兴八年的时候，他十七岁就中了进士，主临安府钱塘县簿，做了三年，此人的诗词曾得到宋高宗赵构的赏识，称赞他的西湖《谒金门》词之句："波底夕阳红湿"，为"我家里人也会做此等语"，赵构称其为"家里人"可知赵介庵与皇室之亲厚。赵介庵诗酒放旷，所居甚美。从表面上来看，此人似乎官职没有那么权重，可公卿士大夫都竞相想结识他，他的交际广泛，个中原因，深可思量。

在乾道二年到五年，赵介庵领江东漕事，当时的建康通判辛弃疾心里明白同一江南之地共商执政之机，必要相处得好才能有所发展，再者此人若有力于战事，亦必是助力。

凡不得志之才人，以诗文干谒权流，这是正常的现象，并不能以此否定其人品。当年李白科场不第,他就想走终南之捷径,先振声名再图皇帝之见赏。要知道唐代即使是科举考试,也都要有名流的举荐,若诗名为盛,得器重之人大力推荐,就必能声价百倍。

李白失遇时,写过《上韩荆州书》说:"一登龙门,便声价十倍。"大诗人杜甫也有过"朝扣富儿门,暮随肥马尘"的辛酸遭遇,可见在古代,亦难免有这样的弊端。然而,辛弃疾即使投奔有路,也必须让对方看到他是想有所作为的,了解他的能力。辛弃疾就需要有场合去展现自己的才华。他在赵介庵的寿诞之日,也来应和赋词,其词有"醉黄花"之句,就是指重阳节之时。若按史料所查,赵介庵的生日也就在这一两天之间。

这首词之中,上阕皆赞美赵介庵的文才名气,笔如龙蛇,声名振帝都。赵介庵曾为帝王掌理过制诰诏书,写文章那是硬功夫,赵介庵的文才是得到了时人称誉的。辛弃疾是赞美他的文才,接着笔锋一转,说赵介庵能够为皇帝制诰,方能将温暖带到人间。

"教看鬓方鸦"放在贺寿诞之时,意为江山都老,岁月流逝,赵介庵仍然青春不老。这也寄寓了辛弃疾多年沉沦,却仍然有朝气去做事的意思。他的作词用语极为慎重,生怕有一丝一毫的错漏,这些年的官场沉浮,使得辛弃疾已然更加懂得适时收敛锋芒,知道进退。

下阕词,他又云:"唤双成,歌弄玉,舞绿华。一觞为饮千岁,江海吸流霞。"董双成是一位仙女,也曾在白居易的《长恨歌》里出现过,句云:"转教小玉报双成"。弄玉是吹箫的仙子。眼前是这些仙嫔彩女歌舞花前,琼浆美酒,一饮千杯,可在这欢宴之上的辛弃疾并不是惬意的,他还想着要"西北洗胡沙"。他希望借赵介庵之力而能达"清都帝所",能够让皇帝知道他的平金志向,成就未遂之志。痛苦本在此,饮宴亦难为,心中千千结,又向何人诉?

辛弃疾的这一番心意,怕又是错寄于人。别说只是一般的官员文人,就算是真的皇亲,也难在朝政上有所干涉。赵构对赵氏宗亲里有赞成抗金之事的人颇为忌惮，因为他就不想去抗金，若真有一个赵氏皇室的人出来挑头支持抗金，此人必将成为被南宋军民拥护的对象，他的地位就保不住了。之前，他就曾因怕民间出来的什么赵氏宗亲来顶替他的位置，又忙着举起抗金的大旗，他对这个皇位的来路不正的确是有着不安全感的。他的这种思维延续到宋孝宗这一代，就算有北伐之志，也不会轻易相信身边的这些亲友所推荐之人。帝王心术之深，谁又能轻易得知呢？

辛弃疾遍识名流，一代英雄沦落如此，能不泣泪痛苦，悲慨无端。小小的一位建康府通判，他敢于在寿宴之上写这样的词，勇气可嘉。本是英才，奈何无路。

轻歌一曲　柔肠刚音

辛弃疾辗转到了建康府任通判之时已经是乾道四年或五年了。虽然有雄志伟才在身，但他从不自高于众，在暮气沉沉的官府内部识得一些同道中人，相识总是长相宜，独木难成林，交得益友是人生乐事之一。

他结识了一位才俊之士，此人风流潇洒，气宇不凡，姓严名焕，字子文。此人亦有务政懂兵之能，是绍兴十二年登第，调徽州新安教授，后通判建康府。辛弃疾观他不仅书法写得好，更是一位务实的官员。

严子文后期曾知江阴军，还做过福建的市舶司提举。看来他不仅有领兵之才，而且还很明白经济之道。要知道辛弃疾并不是一个墨守成规的书呆子，凡事务以实用，能利民生，济社稷，他才会去做。此后，他曾一度经理政务，在地方把政务做到实处，终于修成奠枕楼以惠民生之时，这严子文还曾请另一位好友崔敦礼代向辛弃疾致贺，祝楼之成。可见这两人相识之情深。

凡有真心相待之情，必能放任随性一些，宋代的士大夫也多有宴饮玩乐之事。即使是文坛泰斗欧阳修也不像他诗里写的那般道学气，而是如其词作一样，会在"月上柳梢头"之时，与一位可人儿"人约黄昏后"，多几分轻浮，软媚之气。

总说辛弃疾是位英雄，仅知天下之业却不晓得美人，不懂得欣赏女子之俏丽可爱的男人，也无法把唱词写得如许沉醉。自古英雄配美人，颇多才子佳人成佳话。

辛弃疾就在一次与严子文的相聚中,识得了严子文的几位侍女。凡当常之聚会必然有无限风光,写词赠美人,也是宋代文士的一种情调,无损大雅。有一位侍女名叫笑笑,名如其人,不拘礼数,灵动豪气,别有情味。这样的女子自然会让同样有英雄之气的辛弃疾着意几分。

严子文更是以莫逆之友,便成佳赏之会,亦愿辛弃疾赋词一首,赠与笑笑,辛弃疾观女不语,片时即写了一首词即《浣溪沙·赠子文侍人名笑笑》。

《浣溪沙·赠子文侍人名笑笑》

侬是嵚崎可笑人。不妨开口笑时频。有人一笑坐生春。歌欲颦时还浅笑,醉逢笑处却轻颦。宜颦宜笑越精神。

这首词虽然是轻调戏笔,却是跳脱出了往往说美女的"桃腮杏眼","柳眉春山"的俗滥之语,只写其情态,突出女子的一个特点即是"笑"。

他起笔点"嵚崎"两个字,似把自己的坎坷命运与成为侍女的悲剧命运化为一体,接着自叹为"可笑人",看似俗语,暗藏典故。晋代桓彝,为人雅致被周𫖮所重,就被称为"嵚崎历落",这倒是一笔画出小女子的心事,反衬出辛弃疾是知情着意之人。那侍女笑意频频,倒把那满腔的误会与不解化为耳畔的层层细语,一笑则满座生春,韩愈即有句云:"金钗半醉座生春"。这侍女自然是严子文侍宴之人,也是他得意之人。

笑笑是个灵透的女孩子,有唱歌之才,自是随歌词而心思渐动,忽悲而时笑,微醉欲笑却故意作悲态。青春姝女,半笑半颦,总是一气精神。

信手拈来无不春动盎然,抚琴唱曲亦多软媚华姿,这就是胜却瑶池仙醉露,一笑就能解寂寥。

笑笑让人想到《聊斋》里的婴宁,她本是狐妖,从来不觉得有什么拘束,最是任性自然的女子，最惹人注目。可自从嫁了凡人，成了妻子，她总是端着姿态，不敢把浪漫的情意展现于人前。女人的天真与老成正是相对的，哪里有越老越天真的说法呢？看尽世间情场的人才会变得宽容而老成。

辛弃疾能卧马疆场，能兴风起尘沙，心中依然会有一方温软的所在，那边有花香柳媚，素情冰清，知道女人们笑或愁的背后都是那"可笑"的世道，这才是才子之多情。

辛弃疾的才情不主故常，就能即席而作，临时机变，词中又有一样的情状，另一种滋味。

但无论如何醉金盏，诉情长，他始终会记得的仍是当时局势里，他应该有何建树，有何作为。他的交友之中，凡是有位高权重之人，他皆要在席间以词引喻，诉出一番心志。

翻起一首《满江红》词，即知当时他最深的心结所在。

《满江红·建康史帅致道席上赋》
鹏翼垂空，笑人世、苍然无物。还又向，九重深处，玉阶山立。袖里珍奇光五色，他年要补天西北。且归来、谈笑护长江，波澄碧。

佳丽地，文章伯。金缕唱，红牙拍。看尊前飞下，日边消息。料想宝香黄阁梦，依然画舫青溪笛。待如今、端的约钟山，长相识。

辛弃疾去赴宴，这次却非赏心怡情，小酌三五，而是要见一位可能对他抗金大业有所助益之人。此人就是史致道，扬州人，也是进士出身。史致道虽有才略，但他之成功亦赖有贤人推荐。当时的丞相陈伯推荐他，方能得枢密院编修之职。

熟悉宋史的人当知枢密院是重要的权枢机构，宋代多以文官掌兵，枢密院的地位相当于清代的军机处，枢密使往往由丞相兼任，军政大权皆在此间。史致道就是力主抗金的能臣，他是已经坐到了一定高位的重要权臣。

当时宋高宗赵构曾视师江上，史致道尽陈抗金之议，上书《恢复要览》五篇。待到皇帝的车驾来到建康之时，史致道虽前略未得实行，却仍不畏惧，向皇帝谏言，诉说三国六朝形势与今日不同，要当无事则都钱塘，有事则幸建康。高宗赵构对这两个地方都有过了解，他就将史致道的观点下诏让众臣讨论。可见皇帝对史致道的话是能够听进去一些的，史致道就当了司农寺丞。等到宋孝宗即位，史致道除度支员外郎。

辛弃疾知此人是难得的人物，更重要的是与他有着同一志向的，是位主战的权臣。史致道在乾道三年九月二十四日，左朝奉郎充集英殿修撰，兼沿江水军制置使，也就是说史致道有三年的时间是在建康，是行宫的留守。他与辛弃疾也就在此结下了深厚的友谊。

"鹏翼垂空，笑人世、苍然无物。还又向、九重深处，玉阶山立。"庄子是辛弃疾比较欣赏的先哲，头一句，就引庄子以引发赞叹。他赞美史致道如同《逍遥游》里的大鹏能够卓立不群，翼如垂天之云，展翅凌空，不屑昏庸愚昧的宵小之辈，他朝必然还能在九重之天，成为国之柱石，成为朝堂之上有作为的人。辛弃疾总是乐观看待问题，心胸广阔，想的不是成就功名，而是希望有志抗金之人皆能有所成就。

"袖里珍奇光五色，他年要补天西北"，《红楼梦》里女娲以五色之石补天之缺，方留下一块自愧无才可去补苍天的顽石，多了人间一部鬼话。关于补天是何意，聚讼纷纷。然辛弃疾化用女娲补天之典，意思倒是明白，就要复国立业。其实，忠臣贤相之不屈，亦是天下痴情者的血泪，补天遗情，共哭苍生之悲，罗列人生百样滋味的《红楼梦》自也不缺此意。

辛弃疾的率直在这首词里表露无遗，"且归来、谈笑护长江，波澄碧"。守住长江防线是辛弃疾抗金方略的重要方面。他二十多岁的时候就曾经上疏主张要守长江，备两淮，史致道同样是一位主张守住长江之人，不然他岂会在高宗视师江上这个时机大谈战略呢？史致道时为沿江水军制置使，在这一点上，他与辛弃疾的眼光和策略相似，皆是掷地有金石之声的良策。长江波平无恙，方能使江南局势稳定。在饮酒酣畅之时，欢声笑语之间，谁会想得这些呢？可见，辛弃疾真是一日未敢忘国忧，满腹心事不知向谁诉。

南京素来多姿，江南文秀之地，美景烟花，佳丽如云，杜甫的诗句有云："海内文章伯，江南意绪多。"《金缕曲》丝丝缕缕婉妙清唱，拍着红色的牙板的女孩子们，清歌无尽，如此之宴，这位萧然而坐的男子，会提笔写出这么一首词，想的还是家国千秋业，念的还是盛世不平心。

那时的史致道确是有入朝之机，因而辛弃疾在词作之中亦祝愿史致道能够以深谋远虑再入朝堂，入阁拜相。然他看人却非重其名利权位如何，主要是他知道史致道的心思不会变。画舫青溪笛，重约钟山（即如今的南京紫金山），他愿与史致道能够长相知。山水传情，知己为友，不知多少年来秋恨花残，山河裂变，不灭的仍是豪气之士对事业的痴，对友情的痴。

此时是宋孝宗乾道五年（1169年），辛弃疾仅是一小小通判却对当时的建康行政、军事长官史致道直抒胸臆，说出抗金之局的问题所在，表白抗金人士的不幸心境，这足见辛弃疾的胆识，为人的厚道与坦诚。君子坦荡荡，做成任何事都需要肝胆，有肝胆的人，才会纵笔豪迈，才能理直气正。

同一时期，辛弃疾《千秋岁·金陵寿史帅致道》亦有句云："从容帷幄去，整顿乾坤了。"皆是此念。

每次宴饮，他总是会把满腹心事和盘托出，果然是有一副冰雪肝胆，无不可被人知之事。正如清代神韵派的主要诗人王士禛在《花草蒙拾》引石勒之评云："大丈夫磊磊落落，终不学曹孟德、司马仲达狐狸。读稼轩词，当如是观。"

这些词作里，辛弃疾会透露出自己对抗金大业的看法。他所用的词牌是无数次的翻新，洞察的细微见解却总是惊人心魄地存在笔端，辛弃疾就是这样的一位寄情于笔，放志于词，有万古横绝之气的人。

此时，辛弃疾有数首呈给史致道的词作，其中有一首特别出色，是他登临建康赏心亭时，观景有感所作。那就是这首《念奴娇》。

《念奴娇·登建康赏心亭呈史留守致道》

我来吊古，上危楼、赢得闲愁千斛。虎踞龙蟠何处是？只有兴亡满目。柳外斜阳，水边归鸟，陇上吹乔木。片帆西去，一声谁喷霜竹。

却忆安石风流，东山岁晚，泪落哀筝曲。儿辈功名都付与，长日惟消棋局。宝镜难寻，碧云将暮，谁劝杯中绿？江头风怒朝来波浪翻屋。

他登上了建在建康府（即现在的南京）下水门之城上的赏心亭，下临秦淮河，看着那河水滚滚，凭吊历史古迹，尽染愁情。虎踞龙盘，当年诸葛亮看秣陵山之形势，即称为"钟山龙盘，石头虎踞，此帝王之宅"，而随着南京的滔滔河水流去的也是六朝的陈迹。到过南京的人，都会发现一种精妙之处，有长江天堑以成南北之势，或以秦岭开为东西之脉，历朝征伐，无不以此为端绪，或南北成势，或东西倚形。这就使得有王气所在的南京成了不少王朝都城的所在。

石头城里多谜案，悲凉之气尽染华林，哪个朝代几乎都没有很长久的驻留。辛弃疾迈步登上这建康赏心亭，满眼所见是国家的兴亡。"柳外斜阳，水边归鸟，陇上吹乔木"，托之乔木尚有所倚靠，可那过眼的风帆，笛声阵阵里，埋藏了忠魂白骨。

力挽狂澜者，必要遇到阻碍，这上穷天际下黄泉的求索，很有可能是来去匆匆的辛弃疾这首《念奴娇》的词的无尽倾吐。辛弃疾想将这一腔心事向史致道呈览，以能得到同好同悲之念。

接着他想到了谢安，谢安是东晋名臣，为了南朝抗击北方的侵略，他从出世而入世。他曾官至宰相，却屡违朝旨，高卧东山，诗酒风流，因其盛名而被谗毁。谢安虽出仕之后，多立功业，然他从未忘栖隐林泉之心。辛弃疾想着东山岁晚，再不见谢安诗酒的雅会，只余了泪落哀筝曲，他似已预感到往复历史里那些不遂志之人的悲剧，即景而生情，深觉人世难料。

棋局要胜必要有先着，不能坐等。有意立功名事业，却不知未来何势，这是辛弃疾心中无法开解的愁思。"宝镜难寻，碧云将暮，谁劝杯中绿？"错过时机就不会再有，那只能听江头风怒，波浪翻屋。

长江一直是南宋视为屏障的重要江流，而对于本来也应该看重的淮河，朝廷却一直没有给予太多重视。辛弃疾又在这首词里点了"长江"两字，暗含守护长江的意思，可字词的深意浑化在这宴席上的献词之中，毫无破绽，有着极高超的技艺。

他登建康赏心亭，"我来吊古，上危楼，赢得闲愁千斛。虎踞龙蹯何处是？只有兴亡满目"，在他的创作之中全是真情实感，把古今的典故都点字不露，巧妙融合种种之情，浑化在词作之间，绝无赠答应酬之语。

他的词风雄浑悲怆，把王朝兴衰之感寄于笔端。本来凡是这样的酬答应对之词体，多是一些粉饰雕琢之句，哪来这么多的悲怆兴叹。

辛弃疾虽说有想借这些权要的东风之意，可本性豪气干云，忧思国事之心仍是克制不住的，正说明他是赤诚之人，可担当大任。

在一个宴席之上，大多数人的词是一格，辛弃疾的才气卓绝，对这种应答之题材，唱酬之体竟能如此婉转写出他的歌词风格来，这为他成为一代词宗打下了基础。他对宋词的造诣，亦本乎天赋。清代的陈廷焯在《词则》一书中评价辛弃疾的一首词已初具后来作品的"老辣"之风格。

有人说少年得志不好，又有人说少年老成也不好。当然每一个少年都会有青春勃然激烈的时节。辛弃疾驱马饮酒，一剑取人首级，隐隐可见似个江湖的侠客风度，但只有在与官场之中的人士往来周旋之际，他的形象才全面。沉挚真情，却不卑不亢，明明是送人之作，却倾心以吐，这是他经历风波之后，达到的圆熟后的纯真，无世故，有真心，让人觉得温而可近，恭而不卑。

然而，世事未能如人所愿，史致道后来经尽宦海沉浮，根本未能得志，最终自号"吴门老圃"，归老姑苏。

不知有多少位本有志抗金的才能之士不遇，沉埋为微尘，都选择了无奈放弃前志，改顺时局。可辛弃疾却始终没有放弃。他希望所有能人志士能够不因打击而沉沦，再振抗金之业。他虽已不遇，却仍抱着种种希望，不忘却，向前行，哪怕孤单。

人生的起起落落，总有无数的落差等着你，坎坷往往会改变一个人的命运走向。但凡一个天生注定了使命的人，在任何时候都能孑然而立，创造新的生命力度，这就是人才。

那些流连风景的日子，辛弃疾也不是没有过的。他在建康府任通判之后，又被朝廷改派到临安。辛弃疾在隐居带湖之前，曾经有三次居官临安的事，其中以乾道六七两年之间任司农寺主簿一职。明明想去抗金前线为国做事，偏偏就是把你放在京都的周边，任一些闲散之文官。这是一种什么样的滋味呢？

他默默承受着一切，在依山水之处寻豁达境，将全数的思才学力写到观景赏物的词作之中。常说咏物诗最难写，必须要借物引譬，小物之中观大千万象。辛弃疾此时把咏物词又进行了一番新的创造，他写出了《新荷叶》一首。这是和人韵，此人又是之前提到过的赵德庄。偏要在这样的小题目上弄出新意来，才是一代圣手所为。

《新荷叶》

人已归来，杜鹃欲劝谁归？绿树如云，等闲借与莺飞。兔葵燕麦，问刘郎、几度沾衣？翠屏幽梦，觉来水绕山围。

有酒重携，小园随意芳菲。往日繁华，而今物是人非。春风半面，记当年、初识崔徽。南云雁少，锦书无个因依。

古代写荷花的诗词颇多，多赞荷花之高洁的品格，而辛弃疾的胸间有真性情，有奇气，偏以英雄豪气驱御字句。小小咏物词在他的笔下多样风姿，偏是要寻个吐露的机会，不平之气喷涌而出。

"人已归来，杜鹃欲劝谁归？"临安可是南宋建都之所在，"欲把西湖比西子，淡妆浓抹总相宜"，佳景妙如天境自不消说，辛弃疾归来却无那种玩景的兴致。"杜鹃啼血映黄昏"，本应有着亡国之耻的江南旧时人，竟如波平水静，柔光风舞，一派无须再恨的姿态，连啼血杜鹃都不知如何相劝，何人又能再归？明着说他已归，似心定神闲，内里却全是一腔不平之意。这不由得让人想起大奸相秦桧所提的那个置家国无地的说辞，所谓"南人归南，北人归北"，按那么说，也就真是不须归，不用去再打败金国，就已是太平好事，浮华满眼了。

暮春三月，草长莺飞，杂花映树，明明是春景喜人，在辛弃疾的眼中，却是觉得有借势之人会寻机而起。轻轻巧巧一句话，就把整个词作换个了情境，接着，横空而入一典故。"兔葵燕麦，问刘郎、几度沾衣？"，一个异境同心的典故。

刘禹锡是唐代很有风骨的诗人，只凭两首诗就足震千古。他到处流离贬官，自屯田员外郎左迁朗州司马，十数年始征还。他好不容易回到京师，就写了一首赠诗给看花诸君子，句为："紫陌红尘拂面来，无人不道看花回。玄都观里桃千树，尽是刘郎去后栽。"刘禹锡以桃树讥刺那些攀援附势之人，谁知这首诗又惹了事，那些人自不会饶他，又离开了十余年。二十多年以后，这位老先生仍不服输，回来之后，到玄都观一看，又一首诗出来了："百亩庭中半是苔，桃花净尽菜花开。种桃道士归何处，前度刘郎今又来。"这都耿直到什么极境？他的倔强孤傲，是带着得意之色的。因为那些攀援附势的小人尽已不见踪迹，玄都观中荡然无复往时的浮华盛景，尽是兔葵燕麦。

愤直之人当有真性情，现在的一些鸡汤文，总是让人宽和，温雅。可是孔老夫子也认为君子有"闻其言也厉"的时候。凡顺从世道的人都以为是权变，还教人学习此道，不归此道的人仿佛就注定会失败。其实，那些人仍然是有所作为的。人生的成功最终是要靠自己拼出来的，与旁人并无关系，亦无须借其势。

虽然是平生不遂志，尽经磨难，但能保持本心，就会活得非常坦然。若一定要依从世路，委屈了自己不说，也未必是什么好事；若不委屈自己，至少心安理得。到头来，沉痛的是志向未遂，但更痛苦的是不能执着本心意愿而活。

辛弃疾刚刚到任临安，一些好友也是各处迁移。辛弃疾感慨宦海的浮沉难料，方能有问几度刘郎再归之句。古今之人都有通感，明末清初的金圣叹曾指点写书可使得后人知他之心意，前尘之人即使不知，后人当有所感悟，就足以告慰。辛弃疾这样的人不会被后世所忘，他也就不会寂寞。

"翠屏幽梦，觉来水绕山围。有酒重携，小园随意芳菲。往日繁华，而今物是人非。春风半面，记当年、初识崔徽。南云雁少，锦书无个因依。"词作之美应将生活事物无所不入其间，运才使气，柔刚相衬，时而激昂如歌，时而低吟似水。辛弃疾暗渡金针，转入梦里细描，当年的酒，非忆其味，小园随意芳菲，几度归来倔强豪情的他，眼观物换人非，念情当年的初识之人，却无可凭寄心意。

统观全词，旧年，旧物，旧人，皆不再有，然共情声气却融汇于新荷一曲。此词精气神之相辅相依，有对那起无谓之人的倨傲，也有对旧情的依恋，愤直语发隐事，断然是一章竟成，千机暗绪。

辛弃疾的《新荷》之作还有一首，皆和韵而成，看似随意，实是有则。他对西湖、飞来峰、灵隐寺等皆有奇作，辛弃疾的才气如此了得。

惜民恤力　再振家邦

1170年，辛弃疾终于等到了机会，他觐见皇帝于延和殿。经历过这么多起落，他倔强如初，再次向皇帝论奏"阻江为险，须藉两淮"，又上疏请练民兵以守淮。淮河不守，则兵防疏漏，金兵随时可以南下。

其实，南宋皇帝把都城设在临安就已然是非常过分了，是没有战势之地利的。原本宋太祖之时，就商议过立都在长安，太祖诚有卓识，可北宋最终是京都在汴梁，这等于是金军一打过来就没有什么阻挡，每次都可以直接打到家门口。如果都城是在建康也就只好一点点，可没想到最终却定在杭州。

杭州若是不守两淮，没有河北忠义民兵为联结，是很难应付金军的长驱直入的。然而，皇帝没有理会辛弃疾的这一番苦陈，将他迁为司农寺主簿。

辛弃疾并没有气馁，他再次写作《九议》上给虞允文。虞允文是曾经抗击过金军的，也有过实战经验，入宰辅之后，有主战之意。辛弃疾的《九议》里滔滔雄论抗金的战略，如何防备，如何运势，结果又一次石沉大海，这不仅是因为辛弃疾的级别较低，主要是那时朝廷的和议之势已成，无意再去抗争。

辛弃疾的文章可以说是直接了当，没有婉曲之意。他因论南北形势及三国、晋、汉人才，"持论劲直，不为迎合"。他所作的《九议》并《应问》三篇得到一些大臣的关注，但没有真正实现北伐。

辛弃疾虽明珠蒙尘，但朝廷对他的实干能力却是认可的，但只是让他一直在地方上当官流转，每到一处他都尽心竭力为百姓谋福利。

乾道八年（公元1172年），辛弃疾由司农寺主簿出知滁州，直至乾道九年冬，他在滁州主政两年，实现了"从容帷幄去，整顿乾坤"的政治抱负。

滁州绝非临安那样的富庶之地，地偏人稀，吏治昏晦。由于战火纷扰，本是景色优美，人繁物富的滁州已然一片荒凉，萧飒之风让辛弃疾感觉到了一种痛楚。战争已然让在北方沦陷的百姓饱受离乱之苦，可南方的百姓又何尝不在风雨之中，眼前的所有，残破的市井，贫苦的百姓，哪里还有半点当年北宋之时的繁花着锦的气象？

滁州位于淮西，本是江淮重地，金兵想进攻南宋，必要经滁州而上，这里历经了数次战乱兵祸，百姓逃散，民不聊生。虽然辛弃疾多次点出滁州为守边之要地，可是朝廷将他派到这里绝非是让他振作一方，以济民困兵疲，仅仅是把他闲置到一无用之地罢了。辛弃疾却不辞劳苦，只知为官一任，即要造福一方，他明白这是一块朝廷中人人嫌弃之地，谁也不愿意在这当官，可他偏要担起这副担子来救困济民。不仅如此，他也要富民整兵，让滁州成为能够守备南宋之地。

南宋的符离之战正是如今安徽之地界，范围是灵壁（今属安徽）、虹县（今安徽泗县），进据宿州州治符离（今安徽省宿州市），滁州亦是重地，由此可知，来到滁州担任一方之官的辛弃疾的心情是何等激动。

南归之后的十年，他所任的官职大约是佐二之职，并没有实在的权力，可任为知州，就大大不同。在南宋之时，州、府、道都有一定的控制力，可以做一些实事。特别是安徽的战略地位重要，辛弃疾能一展所才，在这里做好战斗的准备，恢复民生，让更多人看到国家之生气，才能有力量去支持抗金之业。他终于等到了这个机会，有道是人过三十天过半，可辛弃疾的内心竟是无限欣喜，日夜无休想着，如何成就他的梦想。

安徽这块地方是在淮水之边，重点的城镇一直是兵连祸结。四年以来，滁州天灾又至，田地颗粒无收。百姓生活在水深火热之中。

在辛弃疾这位青年地方官员的眼中，滁州的城郭已荡然成墟，百姓没有地方住，寄身瓦砾场，行者露天睡卧。真是千里无鸡鸣，路边白骨堆。崔敦礼《代严子文滁州奠枕楼记》中云："周视郭郭，荡然成墟，其民编茅籍苇，侨寄于瓦砾之场，庐宿不修，行者露盖，市无鸡豚，晨夕之须无得。"

辛弃疾到任，就马上开始了对地方政务的理剧剸繁，把一系列的工作安排得满满当当。他在日常事务管理中总在思考这样的问题：人口为何减少？生民为何困苦？田地为何荒芜？怎样才能让百姓安乐，国家兴盛？

他反复思考之下，开始打破当时僵化的官场利益格局，大刀阔斧地实行全面的革新。他不对百姓严厉，去掉那些毫无道理的吸取民脂民膏的条款，宽政薄赋，以生聚人气。

不少人以为治国难，其实治地方之政亦难，越小的地方盘根错结的利益网越密集，辛弃疾仅是微末之官，却铁了心要把这旧貌换新颜。

他施政的首要任务是恢复经济，谋求发展，充实边防实力。《宋史·列传第一百六十·辛弃疾传》这样记载："……迁司农寺主簿，出知滁州。州罹兵烬，井邑凋残，弃疾宽征薄赋，招流散，教民兵，议屯田，乃创奠枕楼、繁雄馆。"

滁州百姓如此困苦，可朝廷仍然赋税严重，按繁荣之地的标准向百姓收税。百姓有一点点收入都要拿去交税。如此重负，哪能不害民生？辛弃疾大胆请求朝廷对滁州以边境之郡待之，免去历年所欠朝廷的赋税580万。一次上疏没回音，就再上一次，在他的反复陈情下，朝廷终于免了这些赋税。

他看出滁州的百姓并非好逸恶劳之人，而是愿意耕作的人。辛弃疾便减免赋税的同时，安其居处，想出各种方法来招抚流民，如将官府的库银贷给他们，给流离失所者土地、农具、耕畜、粮种，鼓励他们安家落户，恢复生产。

辛弃疾很重视农村的生产，做了很多事。他还训练民兵，给他们武器，教他们如何保护自己，农忙之时令壮丁们去田地劳动，兵起之时就是全民皆兵，这果然如他在《美芹十论》所言，守淮不用政府的正规军，用民兵最好，省军费又能有士气，数量极大，能够成为重要的抗金力量。从他的实际行动中，可知他之论皆是实策，是能够成功对抗金国的可行之策。

教练民兵，让他们开屯田地，这是长久作战的意思。辛弃疾在来滁州之前在《论阻江为险须藉两淮疏》中曾写道："三国之时，吴人以瓦梁堰为身，筑垒而守之，而魏终不能胜吴者，吴保其身，而魏徒能击淮西之地也。五代之时，南唐虑周师之来，盖尝求吴人故迹而守之，功未成而周兵至，然犹遣皇甫晖姚凤以精兵十五万扼定远县，负清流关而守，世宗亦以艺祖皇帝神武之兵当之。"读过三国方面书籍的人当知曹操为了打败袁绍，也曾开屯荒田，不战时是民，战时是兵，养民又练兵，这是有长远眼光的人才会想到的，因而后代史家会将辛弃疾与曹操并论，是指两人的文才武功足以匹敌，但辛弃疾更为忠勇。

为了让滁州有动力发展，辛弃疾定下制度，宣布凡过往滁州的商贾只收取过去税收的十分之三。身为官员，关心民瘼，更要身体力行。辛弃疾组织百姓砍伐木材，烧制砖瓦，恢复重建了市区的商店旅社，没有这些何以能让商户谋生立业呢？繁雄馆是他建，这是个什么所在呢？有人认为这是一个大型的市场，也有人认为辛弃疾是在"招福坊"附近建造了一座最大的商铺取名"繁雄馆"。无论如何，他有着超越了时代的重商眼光，胆略过人。

辛弃疾的招商引资在今天看来也是有借鉴意义的，为了要让百姓富足，就得建起示范基地，定其心，安其志，扩其业。辛弃疾建"繁雄馆"的目的是"召和气、促经济，使百姓安居乐业，并非单纯为了收税"。商贾们对他这种做法先是怀疑，继而相信，纷纷拥进滁州，这里很快成为两淮地区商品的集散地。

天下大事未定，早有先见之明的辛弃疾正是卧龙隐居，潜用才智，终于第一高楼建立起来了，"奠枕楼"，这名字就有意思。

两淮重地，重现兴旺，安枕无忧。滁州形势安稳，依山望海，尽一心，做一事，成万人之庆。"繁雄馆"，聚天下四方英雄，做一番轰轰烈烈的事情；"奠枕楼"让百姓心怀家国之情，再谋振兴。这两样建筑，都是他苦心多年，八方助力，方才修成。有人说，这岂不是劳民伤财？当然不会，奠枕楼可以起到安抚民心的作用，路经滁州的人，谁不望望高楼入云，增加了对滁州的思恋之情。

不到一年，在这个年轻官员的精心治理之下，丰收的喜庆，经济的繁荣，这滁州是"流逋四来，商旅毕集，人情愉愉，上下绥泰，乐生兴事，民用富庶"，"城邑清明，闾阎繁夥，荒陋之气，一洗而空"。

曾经的荒芜之地，如今盛景繁华。忆往昔，他岂不感叹终有一天会让所有的百姓都能如此安乐，再无战事？这是辛弃疾在滁州不辞辛苦的操劳换来的。他平生之志不能报国抗金，实现国家的完整统一，不能看着百姓乐业，可是在这么一个小小的地方，从战火已变为安乐，他的心愿已足。

辛弃疾看着奠枕楼，心潮起伏，在他看来，安置建立这座高楼，正是让百姓看到州官之所为是值得信任的，是能为百姓谋利的，待百姓安稳，他才能得少许休息。周孚《奠枕楼记》云："吾之名是楼，非以侈游观也，以志夫滁人至是始有息肩之喜，而吾亦得以偷须臾之安也。"辛弃疾的宽民辅政，鼓舞人心之意良苦。

有文史研究者根据现存的两篇辛弃疾交往过的友人写的庆贺奠枕楼的记文发现"繁雄馆"是建在街市之中，而"奠枕楼"是建在繁雄馆的顶层，还有前辈学者认为"奠枕楼"是建在"繁雄馆"之后的上坡之处。

这样一看，这座建筑就像今天的多功能型摩尔，集娱乐、餐饮、住宿、观览为一体。不得不佩服辛弃疾的头脑和眼光。如此好地方，当然要去看一下了！

辛弃疾在奠枕楼落成之时，就置酒高楼，遍请城中父老，举杯共贺"吾与父老登楼以娱乐，……玩林壑之美，想醉翁之遗风，岂不休哉？"这明显就是休闲中心嘛。

有细心的人，可能会想起欧阳修的《醉翁亭记》，"环滁皆山"四个字指的正是这滁州。有学者考证这奠枕楼就在招福坊。可是,现如今醉翁亭是旅游胜地,奠枕楼却仍未复建,今天不知者甚多,这千古之后,一亭一楼所受的待遇也太不一样了。

欧阳修醉翁之意,辛弃疾安枕高居,重实业,而兴民利,又是长江后浪推前浪。想来当时为庆祝这奠枕楼成功立就的人不少,连性情狷介,安守清贫的李清宇也来了,辛弃疾高兴至极,提笔就和了一首词。

《滁州旅次登奠枕楼作·和李清宇韵》

征埃成阵,行客相逢,都道幻出层楼。指点檐牙高处,浪涌云浮。今年太平万里,罢长淮,千旗临秋。凭栏望,有东南佳气,西北神州。

千古怀嵩人去,还笑我,身在楚尾吴头。看取弓刀陌上,车马如流。从今赏心乐事,剩安排酒令诗筹。华胥梦,愿年年人似旧游。

奠枕楼让滁州百姓心情都飞了起来,洗去尘埃,喜上眉梢。浪涌云浮,檐牙高处就是奠枕楼。此楼得来不易,太平有年。"罢长淮,千旗临秋",朝廷惧兵怕武,长淮不使兵,旗帜招展,虚空一笔,暗衬本有太平富足之地,可不加兵备,便变凋敝之形,而如今经心谋建,却再有喜乐之情。

东南佳气,西北神州,又有一典故,唐代李德裕亦建赞皇楼,取怀归嵩洛之意,辛弃疾的奠枕楼建成却是为镇淮抚民的功业之一,兴奋之情溢于言表。看来,千古之事必须得志立定之人方能改变。

楚尾吴头,指滁州也是古代吴楚交界之处,亦能尽情有兴,做此一功业。看车马如流,弓刀陌上,不再忧虑。赏心乐事从此皆有,谢灵运曾云:"天下良辰美景,赏心乐事,四者难并。"而辛弃疾非常自信,他觉得似这等华胥之梦,尽可安排,愿年年百姓皆可如此太平安乐。

这奠枕楼是能让百姓歌舞在其中的,安辑民庶,收容商旅,用处极多。这种实干政事，又具有创造性，全凭辛弃疾的能力。

　　他将一番心血都投入其中，楼成之时，才敢放下心来，不再熬夜，急将喜讯送到两千里外的好友严焕处，请他为楼题记。据相关资料表示，严焕已任福建市舶使，故云"移书二千里"。严焕接信后表示"是不可不书也"，遂转请时任平江府府学教授的崔敦礼代写。

　　他根据辛弃疾书信中的叙述和介绍撰写了《代严子文滁州奠枕楼记》，收在四库全书《宫教集》卷六中。辛弃疾的同乡好友周孚也写了一篇《奠枕楼记》，周孚字信道，号蠹斋，乾道二年进士，真州州学教授。乾道八年夏，他曾应邀来滁州做客，成为辛弃疾的幕僚，并一直待到乾道九年才离开。周孚在滁州除了《奠枕楼记》外，还有《奠枕楼赋》等其他作品。

　　我时常会疑惑为何不少古代名士皆是全才，如苏东坡不仅仅是诗词名家，在其他方面也屡创佳绩。辛弃疾更是了得，军事和政务皆有功于世，豪放词又成新境，让人惊叹，他们的时间都是从哪里来的呢？当我看到辛弃疾为了修建奠枕楼付出的心血，他为政一方所做出的成绩，方知这些名士的勤学时间都是抽出来的。才气虽有天赋，但绝非未经磨炼自然而成的，而是在一次次的碰壁，一次次的实践中总结出来的。

　　史料里总是会记载那些岁月里最聪明的人的一生，可最终决定史料取舍的仍是他们真正创造的业绩，虽有小错，亦难抵其功。历史在向前走，就是因为有他们这样一批写故事的人。史册上的每个人都曾如此心力交瘁，被背弃，被出卖，被放弃，可始终在一点点发着光，汇成历史星空里永恒的灿烂。

《木兰花慢·滁州送范倅》

　　老来情味减，对别酒，怯流年。况屈指中秋，十分好月，不照人圆。

　　无情水都不管；共西风、只管送归船。秋晚莼鲈江上，夜深儿女灯前。

　　征衫，便好去朝天，玉殿正思贤。想夜半承明，留教视草，却遣筹边。

长安故人问我，道愁肠殢酒只依然。目断秋霄落雁，醉来时响空弦。

"木兰花慢"，可能很多人看到木兰花就会想到女子的头饰木兰花簪子，其实，木兰花慢这词牌原是唐代教坊乐曲，辛弃疾曾有数首木兰花慢之词，风格与体式都不同。

古人青衫白马，远道而去，今天之人想象一下，似在渺渺茫茫之间有一种凄美的色彩。辛弃疾的送别词却将悲情与豪迈相融，寄思着对远去的人的无限期盼。这首词是他送走了一位得力的助手滁州通判范昂（或名范倅）之后所作。

乾道八年，范昂将要回到朝堂当官，辛弃疾少了一只臂膀，他将情结幽思都尽入词中。

那年是何意，万里寄别情。"老来情味减，对别酒，怯流年"，人到了一定年纪，衰飒之情皆同，暗藏在词里，如李煜在得意之时的"醉拍阑干情味切"早已难寻。怕听流年更岁之音，怕饮离别之酒。苏轼有句云："对尊前，惜流年。"

辛弃疾从一位豪侠潇洒，恣情放怀的少年变成一位屈心抱才，隐于世间的地方干吏，曾经的豪情奔放如火种深埋在内心，谋划实务成为他的思维定式。

他对月长叹，圆月长照，可惜人不团圆。流水似无情，伴随着西风只管将那故人的船远送。"西风"这个意象在辛弃疾很多词中都出现过，各有寄意，我曾化用其词为"解西风逝"放在拙作之中，释悲苦之意。"秋晚莼鲈江上，夜深儿女灯前。"再次入典故，张翰觉秋风起而思鲈鱼，有弃官归隐之意。

辛弃疾亦曾与知己畅论天下，今见他远别，思忆起来不能自抑。日有所思，夜必有所梦，在他眼中，范氏此去若有机会成为朝廷要臣，怕是不会与那些宵小之辈苟同的。辛弃疾将收复大业寄希望于他，"征衫，便好去朝天，玉殿正思贤。"

辛弃疾没有一点点的自利之心，总是期望别人能够为收复大业尽一份力，哪怕这种功绩不是他的，他也无所谓，以国为重，这是辛弃疾最宝贵的品格。

"想夜半承明，留教视草，却遣筹边。长安故人问我，道愁肠殢酒只依然。目断秋霄落雁，醉来时响空弦。"辛弃疾想象着范氏能够成为皇帝翰墨制诰之人，能所有作为。

他自己又是如何呢？辛弃疾没想到会来到滁州，他想着皇帝能采纳他的计划进攻。但滁州再怎么说，也是兵家重地，辛弃疾埋头苦作，有所成就。他纵然经历过误解、排挤，可报国之心始终不变。

辛弃疾眼看着是下属又是朋友的范昂调回京都了，他却仍然困在原处，滁州的成就能否让他真正进入士大夫的圈子，这是一个未知数，不入其门，难朝天子。空有才名，仍无出头之机会。历史上有很多文士都有过这样的曲折经历，左思《咏史》诗云："世胄蹑高位，英俊沉下僚。"一样悲音，辛弃疾在京都虽有故旧，可还没有人帮他，他词里写出若有故人相询他的近况，就说他已将悲绪愁怀困入酒中，依然如故。

"目断秋霄落雁，醉来时响空弦"，"目断"句是奇妙的搭配，也可以写为"目尽、目极"，此句中又有典故，《战国策》更赢向魏王展示的引弓虚发而射鸟，谁知鸟果然落下。原因是"疮未息而惊心未去也。闻弦音烈而高飞"。

醉时的空弦是虚设，却又能望断那落雁，这种奇构妙绝。词人已然尽梦中仍记边疆之事，将时空相融，心里的纠结和悲愁尽诉其间，就如那受伤过的飞雁，似闻弓箭之音，就会惊落，天下难遇伯乐。

辛弃疾的词风似信手拈来，无机可寻，却偏偏极和文意语顺，妙契心境，所以有人会说辛弃疾的词非修改之作，是一气呵成的。

风波未息　何觅归期

淳熙元年（1174年）春天，三十五岁的辛弃疾离开滁州，到建康留守叶衡幕中做了几个月的参议官。这是一次大的转机，他已然到了三十五岁，这个年纪，到底是而立之年，还是岁到中天，再无进展了呢？每个人都有不同的解读，辛弃疾以一首词做了回答。

《水龙吟·登建康赏心亭》
楚天千里清秋，水随天去秋无际。遥岑远目，献愁供恨，玉簪螺髻，落日楼头，断鸿声里，江南游子，把吴钩看了，阑干拍遍，无人会，登临意。

休说鲈鱼堪脍，尽西风、季鹰归未。求田问舍，怕应羞见，刘郎才气。可惜流年，忧愁风雨，树犹如此。倩何人唤取，红巾翠袖，揾英雄泪。

一读这首词，就想到当时我初学写词之时的情形，才识些词谱，便不想从小令做起，写了几首便生厌心，想润色长调。我翻阅《宋词三百首》这样的入门图书，便一下子被此词吸引。

《水龙吟》词牌就美，楚天千里清秋，起调开阔，似乎眼前已呈现出清秋碧宇，一番澄然之色。一位少年英雄，此时已然白发尽染，身姿依然伟岸，如一座矗立的高山。

当他缓步走上位于建康的赏心亭,看长天澄蓝,水浪接天,浩荡之气呈现。清代的叶星期曾指出,作者需有才、胆、识、力,方能振起文坛而千古不绝。辛弃疾将志气放在此词之中,落笔成势,浩然正气。在他的手中、眼中,多是一种情结,即使是写愁,也会将笔墨铺开,以成宕荡起伏之态。

"楚天千里清秋,水随天去秋无际"起句破空而来,水天一色,万里清秋,开境就阔大,"遥岑远目,献愁供恨,玉簪螺髻",从远处拓开,"献愁供恨"本是写情,却化成群山像女人头上的玉簪和螺髻,曲笔写心,绘景入神,重重叠叠,出句鬼神莫测。

本词开篇每句皆以仄声收,读起来就有拗怒之态,接着,"落日楼头,断鸿声里,江南游子"这句用的倒卷之格,本应是"江南游子"看落日楼头风景,偏倒过来成句。"把吴钩看了,阑干拍遍"竟又是在说"江南游子"之事。紧接着愈变愈奇,"无人会,登临意"一放一收。"落日楼头,断鸿声里",似有平韵,稍有缓和之处,似是词人的一声短叹。马上就是"把吴钩看了,阑干拍遍,无人会,登临意"。一个"把"字为引领,两个四字仄收,两个三字仄收,愈转愈急,情调激昂而起,如词人的心情忽然振起,激壮的情感喷涌而出。

"落日楼头,断鸿声里,江南游子,把吴钩看了,阑干拍遍,无人会,登临意。"这几句连起来可当一篇散文。而他的文字技法化用无痕,放在词作之中,竟如此音节铿锵,让人想着那夕阳斜照楼头,在长空远飞离群孤雁的悲鸣声里,羁旅怀思的游子试看刀锋,浪涛声声,激荡起无限的英雄之气。正如著名学者龙榆生所论,这句与下半阕的结尾"倩何人唤取,红巾翠袖,揾英雄泪"虽然句式上稍有变化,但因全是仄音收履,就起到雄壮拗峭的格局,表达豪爽激动的感情。

辛弃疾的词是有锋芒的,有棱角的,这就是他为人风范,写词一如品人。

只一句,即能解读出是谁人之词,因为词中已经蕴藏了作者的情感思想,没有那种辛酸就不会写出同样的悲慨。"男儿何不带吴钩,收取关山五十州。"

只闻涛声滚滚，拍遍阑干，没有人理解他的这一番心意。

"休说鲈鱼堪脍，尽西风、季鹰归未。求田问舍，怕应羞见，刘郎才气。可惜流年，忧愁风雨，树犹如此。倩何人唤取，红巾翠袖，揾英雄泪。"

"休说鲈鱼堪脍，季鹰未归"，又一次将典故嵌入其间，别说鲈鱼能烹成佳肴美味，西风吹尽，不知张季鹰已经回来了没？这反用典故，是一转格。接着"怕应羞见，刘郎才气"，他不会像只为自己购置田地房产的许汜，应怕惭愧去见才气双全的刘备，又一转，终收"树犹如此"。

辛弃疾的词就是这样，他直接把各朝各代的典故堆出来，铺开，纵笔以才气贯穿之，并不讲什么太多的格法，却可以让人尽解其中深意。他的才气之大，可将这些典故都当成佐料，随意驱使，如排兵布阵一般，将整个词的意境推高到一个至极之地。吟词之人不觉得他在掉书袋，却无端端就被感染得肝肠欲裂。

辛弃疾借典寄托愁肠，曾经的往事如风涌波涛滚滚而来，国家的局势会越来越错失时机，无力回天。谁能揾此英雄泪呢？辛弃疾的词是奔流着的豪气，以性情，文气纵横，无一点滞泪之语，"气"是辛弃疾词风的重要特点。气骨、气格、荡然而成。无论俗语，典故皆能翻新成语，放在词中却不显得突兀，全词姿彩横生，内中意蕴层层累累，将浩然之气传递在每一句一字之间，词法变格，并无受限之处，使得他的词如王国维所论，足可与北宋诸大家争胜。

情重、气胜，全心投入，因为深挚竟能让不同的境遇浑然一体，看不见其中的字法、词法的痕迹，但字字有来历，句句有依托。正如谭献在《谭评词辨》中所说："裂竹之声，何尝不潜气内转？"

十四岁的他随祖父指画江山，暗谋恢复之大业，这是何等少年志气。

二十二岁的他拉起了二千多人的义军，以报国事。

这般傲气自信的他，当耿京这位农民号召的义军人数更多，声势更大，各种义军纷纷投奔耿京之时，他也选择了率军前往投效耿京，成为这支队伍里少有的文化人。他任掌书记，类似为文书军师之类人物。辛弃疾没有以身价地位高低看人，是一切以大局为重的人。

耿京的这数十万人的军队没有经过训练，对金作战还不够有胜算，为了更好地保存这支力量，辛弃疾劝耿京决策南向，若成，也有与南宋合作互为奥援的机会；若败，就转为南宋政府的正规军。这番风雨之路，他是奔驰往返，胸有定谋的将帅之才。

二十三岁，他率忠义之军，于众人之中取降金杀死耿京的叛徒张安国的首级，惊动朝野。想来那时的辛弃疾是英帅绝伦，壮心激越，正待执起宝剑，平荡河山之寇，这个年纪就算比之战神霍去病也大不了几岁，比之岳飞三十四岁当节度使，更是还有一大把的光阴可供他驰骋疆场。

二十六岁的他就可以谈笑点兵，写出《美芹十论》，这是军事上的惊世之作。

辛弃疾是一位天才型文人，更是一位军事家，一位政治家，可无法发挥他的才干。他登上高楼，尽秋风化苦泪。他从二十八岁到建康，一直屈就那些远离军事的事，他默默承受了，但是转眼就三十五岁了。少年英雄，转眼间，年华逝去，已入中年。

岁月是不会留下每一段的美好，伤痕累累在心，可他仍在建康踽踽独行，天地虽广，却毫无音信，这些朝臣并不知金国的局势如何，对敌人没有明确的认识。很多士大夫只看到眼前的利益，若让他们在国难当头之时，振臂一呼，那是万万做不到的。辛弃疾却做到了，他对金国的弊端了如指掌，早知金国之人互相算计，这样的国家也长久不了。一旦金国形成乱势，我方毫无备战之策，这是很危险的。满腔英雄志，一颗忧国心，换来的就是皇帝高坐，并不把他当回事。

这一把英雄之泪尽洒，那些歌妓的青媚美艳，可谁又能帮他擦掉这些伤痛！在辛弃疾的笔下，柔媚之光彩却力透纸背，悲情婉转，是一种诗意的担当。诗词言有尽可意无穷，在他的笔下沉着痛快与婉转倾诉皆有，低徊不尽与痛心呼唤两兼，何以成这种独有之风格，正是年少掌兵，中年失意的坎坷经历注定了他的词魂。

凡国之大业，不是单枪匹马一个人就能成事的，是必须主帅有章，君王大力支持，同事齐心，方能办成，少了天时，却又没有了地利，在南宋这一方小天地里，再不能看到金国的最新情报，他又如何运筹机谋，更切中要害呢？

人要在环境中打磨，更要在人生失意中学会缄默，你的所有心路并没有一个人会感同身受。何人能懂登临之意，何人能抹去英雄泪，将希望寄在他人身上，最不可靠。一切要告诉自己去打拼，就算是头破血流，就算举目无路，也要咬牙挺下去。人不可不活出自己的姿态，必须要有这样的勇气与决心。

建康亭，不过是辛弃疾寄怀抒情之所，他可能也不会想到千百年后，依然会有人为他的这篇名词而击节感叹。以词传世，笔下刀锋的力量绝不会少于千军万马，词虽小道，却能继大业。

当我看到这首词之时，反复吟诵，这般愚笨的我也会感觉到那种壮魂激荡，还曾拟作一首，将三国之情形化用，倒得有识词者评是有三国的原味，更点出是稼轩词之体的。首学写词，能如此，亦欣喜多日。然十年后再回想这段经历，负了岁月，淡了光阴，如今不识词之味，人也全无当初的情怀意气，再无毅力了。想想这位少年春风得意的英雄是何等的心痛，才知人间苦味原是多，如何能逃出罗网再生天，就必须要毅力。

辛弃疾词里的悲戚之心，让人闻之悲愤，但也许正是这样的坎坷才让一位词坛巨子横空出世，这种命数谁能意料？有一些事，是需要你去坚持的；有一些事，是需要你去争取的；勿要负了光阴。

他在词中发泄情绪，寄怀无限的悲慨，然再翻阅他的奏议等，你似乎会看到一位伟豪英阔的男子拼了命地说一些不该他说的话。他的奏议满是谨慎乐观的感情，毫无放弃退缩之态。哪怕在私下的生活中，他得饮酒排忧；哪怕他登临之时，痛苦不堪，但在别人面前，他都不会表露太多，他都是一个人扛下来的。

这正如《稼轩词编年笺注》一书所说的：辛弃疾在南归之初，前途功业不好揣度，之后他反复沉滞下僚，满腹经纶，迄无所用，迫重至建康，登高眺远，胸中积郁乃不能不一吐为快矣。

龙榆生先生所论这首词由十七个四言偶句组成，而上下阕各有三个偶句成为一个片段，偶中有奇，大多是用仄声收尾，结尾更是以"倩"字顿住，领下三个四言偶句，逆折顿挫，直接表现了本词凄壮郁勃的声容态度。

他是一位将士，有肝胆，能谋算，在人前为文武全才之人。那个内心挣扎着无限痛苦的男子却是不会展现的，除了在宋词里。宋词是药，能医了他的心病，虽然治标不治本，却是永远的相许。

正如南宋刘辰翁在《辛弃疾词序》所评："稼轩词横竖烂漫，乃如禅宗棒喝，头头皆是；又如悲笳万鼓，平生不平事并厄酒，但觉宾主酣畅，谈不暇顾。词至亦足矣。"辛弃疾在词中引用的典故无不渗透着对历史中英雄人物命运的深深理解。他分析复杂的历史成因，对后来不能醒觉之人当头棒喝，可又悲慨莫名，情多不显得突兀，又有含而未吐之处，这就是辛弃疾词之妙。而他的用典手法非出一格，有灵动化用，有点题铺染，有放笔抒怀，用经用史，全在恰到好处。英雄感触，又在常情之外，这点又不是谁都能够理解的事情。

辛弃疾的词作颇有个人特点，是"词论"，与苏东坡的"词诗"不同，苏东坡已然是"非心醉于音律者，偶而作歌的，旨出向上一路，新天下耳目，弄笔者始知自振"，"横放杰出，自是曲子中缚不住的"，不怎么讲求曲律，却在于抒发自己的情感。而辛弃疾更加如此，深化词的内容，扩大词的题材，无不可入词者。他也不是特别被声韵所束缚，重在借词以发议论，以抒怀抱。古来以诗言志，他却以词表志，这是一种突破，更将苏轼开拓的词境续承下来。苏轼的豁达潇洒变为豪情干云，纵横百态。辛弃疾在题材内容、技法、用情等等上皆有独到之心。

辛弃疾是何等英雄豪放之人物，自负神才，又不得所用，草野之间沉吟往复，写出一家忠愤，一派风格，这是时运所致，也是其人之个性所致。他有勇气以如橼大笔来写尽心中沟壑，也有能力匹马冲锋，让敌人惊惧。大侠之辈果然如此风姿。

很多人不理解侠，认为官场之人须得小心谨慎，不敢说一句真话。果然如此，就不会有辛弃疾这些词。大谋事业之人，必有铁血丹心，能够在闲居强自修，能在国难当头之时挺身而出。无论在官在民，都坚持志向，方能做出一番事业。辛弃疾笔下之灵气浑然于天地，写出一种新的境界，寄寓无限，然这种情怀何处来，兴衰苦乐皆有我之思索在内，情真意切，方铸伟词。

《太常引·建康中秋夜为吕叔潜赋》
一轮秋影转金波，飞镜又重磨。把酒问姮娥：被白发欺人奈何？乘风好去，长空万里，直下看山河，斫去桂婆娑，人道是清光更多。

三秋之半，中秋之夜，辛弃疾在建康为吕叔潜赋词，吕叔潜是尚书右丞吕好问的孙子，知名学者吕祖谦的叔父。宋代的文人佳士之间的诗词唱和本是常事，特别是中秋之夜，大多是庆团圆，贺佳节，本可无所寄意的，但寻欢庆。可是辛弃疾位卑未敢忘忧国，凡有机会能够接触到有一定地位的人，他都会以诚相待，以志相询。前者是坦然平视，后者却是要冒着一定的风险的。为什么这么说呢？

有一些词人会经常与友人聊起平生之志，世态之局，却可能成为对方的把柄，从而不能再出头。比如孟浩然正与友人相聚，正写了首诗，正好皇帝来了，看了他的诗，质问他为何说："不才明主弃，多病故人疏。"从此，他的一生再没机会与宦途结缘。这赠友诗是不可乱写的。

再比如，清代著名的诗论家沈德潜本是乾隆最宠信的诗词方面的文臣，后来已然致仕居家，可他与徐述夔有联系，后为其题写《一柱楼诗集》的序言，不想沈氏死后，此书被乾隆定为文字之要案，将沈德潜的墓碑仆平。后来乾隆还说是沈德潜年老一时糊涂，贪人财货才会写这样的诗。其实，以沈德潜的才学和小心谨慎的性格，若非是真心喜爱其诗，断不会为他写序。

由此可知，赠答之词也是不好写的，不宜吐露过多的涉及政事的内容，可是翻阅辛弃疾的词集，尽是如此之词。这首《太常引》，就是他在中秋之夜，把满腹的愤懑吐露给友人的杰作。明月皎洁，流光溢彩，似那飞镜之重磨，这银色的月光洒遍了人间，却也如那丝丝缕缕的白发。词人举酒问月里的嫦娥，为何人间有如此多的忧愁，让白发如银？辛弃疾再将视角转向天际，他要乘风去那万里长空。

追月，奔月，思月的词意，古人之作甚多，可是若以月光的流白来映衬人间的忧愁无处不在，纵然寻找亦不能获，这种词风是奇诡而干净的，自然浑成。

辛弃疾俯看那支离破碎的山河，巧妙地借用了一个典故，那就是"吴刚砍树"，吴刚被天帝所罚要日夜不停地砍去月中的桂树，可那桂树是砍了再愈合，再砍再愈合，永远砍不倒。"直下看山河，斫去桂婆娑"，这一种愁肠是万古都在的，吴刚是移山的愚公，可若没有这种执着，还能有去黑暗，放光明的一天吗？

佛家说放下我执，"本来无一物，何处惹尘埃？"，可是我们细数一下古来的这些忠臣良将，他们哪有一个不执着的呢？他们是在迎难而上，明知不可为而为之，义之所在，奋不顾身。不执着那些无谓的小事，但在大是大非上，一定要坚持立场，要有执着之心，才能行非常之事。有坚韧之意志，有不断进取的心，才能够将事情做好。这"桂树"，是辛弃疾的一个重要的暗喻，他将祸乱南宋朝廷的秦桧的"桧"字的谐音"桂"字。他要像吴刚那样不断去砍那朝廷之上的奸诈之人，让百姓生活的人间能够得到更多月光的抚摸，"清光更多"。

"清光更多"，这"平平仄平"的句子，第三字应用"仄"声才能振起声调，而辛弃疾也是用去声字当成"词眼"来用的，使得音调激起，形成一个振荡人心的结尾。

这可是最大胆的影射，要知道秦桧是一个可以随时搞得对手家破人亡的权奸。当时，辛弃疾所处的朝代里，高宗赵构急于求和，利用秦桧来主张议和，秦桧不断培植党羽，布置安排，把主战派的忠臣一个个排斥出朝廷。辛弃疾以词作来骂秦桧，虽然此时的秦桧已死了，可他的门生故旧等仍在朝廷中有势力，盘根错节，不是辛弃疾这样的小人物能够对付得了的。可是，辛弃疾仍旧干就要干到底，他如吴刚一般一次又一次向主和派开炮，力主抗金，这样的后果就是他有可能再次入狱。

辛弃疾却敢想敢做，他在做官时候，走过不少弯路，但他不抱怨，因为他有理想。吴刚砍树是一种天帝对他的惩罚，可是他仍在卖命劳作。辛弃疾知道未来要经历苦难，但只要能够除掉皇帝身边的小人，他也就欣慰了。

然而，这"清光更多"的理想还没有实现，辛弃疾就故去了。辛弃疾知道不容易的，也明白他在酒席上说这些会让一些主战的人心里不舒服。

辛弃疾从来如此倔强，他希望有更多人看到，关注到这抗金的问题。他已然为此事愁出了一头白发，所以他要告诉那些以为他会放弃的人，他要继续向前进。

这年的春天，叶衡由建康留守被召入朝担任右丞相之职，辛弃疾因叶衡推荐而被皇帝召见。这是辛弃疾一生之中为数不多能够面圣陈述己见的机会。

他究竟是如何和皇帝谈论抗金之事的？到底是如何的情形？这一生肝胆，一腔热血的真英雄能不能让皇帝有所器重呢？可惜，史料遗失，一切都不存在了。

历史就是如此可怕，轻轻一笔就把那段最要紧的事给翻了过去，一切又如常运行，似乎没有什么改变。辛弃疾被孝宗皇帝召见之后，皇帝对他并没什么重视，最后，他还得力于叶衡的推荐，才能留在临安（今杭州）做仓部郎官。

然而，辛弃疾的《美芹十论》所论之法与岳飞的守淮固安，联结河朔，是有承续之妙。他二十四岁的时候，在江阴担任官员之时，这年轻的辛弃疾已觉得了风瑟雨潇，可他仍不气馁，不顾风险，继续向朝廷陈述抗金的要害，即一定要阻江为险，必须以民兵守两淮，上疏朝廷，这与宗泽、岳飞的联结河朔，固守两淮的大战略是有相通之处的，正所谓英雄所见略同。而据史料记载自高宗建炎元年（1127年）到孝宗隆兴二年（1164年）的38年间，金人七次大规模渡淮入侵，两淮之间饱受战争的苦难，若以南宋之正规军来守两淮，力有不逮，而两淮百姓对金军的仇恨很深，不如训练民兵驻防，这是长久之策。

辛弃疾多年对金国潜心研究定出的战略，竟没有得到朝廷的任何反响。一点波澜再无回音，这样的人物竟只能落魄无助，成为种树之人，真是天地之间最大的悲剧，呜呼！

这一年的秋天，辛弃疾赴临安，在钱塘江观潮，写了一首词赠给叶衡。

《摸鱼儿·观潮上叶丞相》

望飞来半空鸥鹭，须臾动地鼙鼓。截江组练驱山去，鏖战未收貔虎。朝又暮。诮惯得、吴儿不怕蛟龙怒。风波平步。看红旆惊飞，跳鱼直上，蹴踏浪花舞。

凭谁问，万里长鲸吞吐，人间儿戏千弩。滔天力倦知何事，白马素车东去。堪恨处，人道是、属镂怨愤终千古。功名自误。谩教得陶朱，五湖西子，一舸弄烟雨。

虽然辛弃疾不是第一次来到临安居官，又仅仅待了半年，但这方山水给他留下的是无限的思量。正如龙榆生所论，《摸鱼儿》的音节，多属于"吞咽式"的，欲语还住，适合情感的婉转，主要是在句法上有所变化，有一种句句入韵的低徊欲掩的情调。但是辛弃疾却能够反之，他将典随笔就写来，排山倒海般铺下来，把整个的词作提势而起，又将豪情与壮怀淋漓满纸，足见其才气之大。

此词的上片起势如虹，起潮之时仿佛半空中飞翔的鸥鹭铺天盖地而来，潮声轰天动地，如同战鼓齐鸣。白居易《长恨歌》就有句云："渔阳鼙鼓动地来。"滚滚涛涛的潮水如大军组练成排山倒海之势，那巨浪滚滚的声音如勇猛军队正在沙场鏖战。

看那矫健身手的吴地青年从早到晚都在和巨浪恶涛搏斗，有手搏蛟龙入海之能，毫无畏惧。他们平步清波，红旗翻飞，如锦鲤出海，跳波翻浪，飞跃起舞。辛弃疾把英勇搏击天地的气势渲染得无以伦比。

滚滚钱塘江如巨鲸万里吐出的潮水，又如吴王射出的万箭要平那风浪，那潮头却不过是一场游戏。滔天的怒潮，也渐渐平息，如白马素车缓缓东去。最可恨是人人说伍子胥因属镂而自刎，怨愤之气横贯千古，实是为功名所误，却白白让范蠡和西施五湖泛游，欣赏那云蒸霞蔚的美景。历史上用西子泛舟之典的多是欣赏赞美之意，辛弃疾却是反用。吴越之时，伍子胥为父报仇，却得不到应有的肯定，受功名所累，如此良将却死在自己人的手中，白白便宜了敌国的范蠡和西施去逍遥游戏。

有前贤认为此词前叙观潮，并未警动。下片忽然笔势纵横，借江潮往事为喻，钱王射弩，固属雄夸，即前胥后种，泄怒银涛，亦功名自误，不若范大夫知机，掉头烟雾也，词为上叶丞相而作，其蒿目时艰，意有所讽耶？

此论倒是有很意思。辛弃疾的词品文法跳出常思，寄寓了无限的感慨，我倒觉得此词并非是让叶衡从此放手功名，去求自家的逍遥。而是，辛弃疾觉得明明可以起兵收复失地，狂潮飞动，竟被小人陷害，如伍子胥一般，说他只求功名，那他自然就有滔天怒气，不若隐世去了。

辛弃疾有了叶衡的推荐却仍没有得到皇帝的信任与器重，他来到杭州的心情是可想而知的。他寄词于叶衡，含蓄吐露了愤慨之声，此意绝非求功名。辛弃疾自有傲骨，岂会因他人之见赏而名重，他不是为功名所累，自误平生所生的怨气，而是悲愤不遇贤达之主，难成大事。

虽然不知道当初孝宗皇帝和辛弃疾之间到底谈了什么，可从这首词里，我们看出，相比第一次的"忠直劲陈"，辛弃疾显然仍没有什么改变态度，这可能也是他仕途波折原因，可也是豪气磅礴伟丈夫的必然之举。

他的打算又一次落空。在1175年秋天，因为被同僚攻击使得右丞相的叶衡被罢免，从此再无出头之时。辛弃疾寄托他为抗金大业尽力的希望全付东流。

第三章

莫放離歌入管弦

扑灭茶商　云乱浪翻

1175年秋天,辛弃疾又调换官职,他在杭州的仓部郎官任上只待了半年多,就要去江西任提点行狱。他已经三十六岁了,抗金的梦想似乎越来越远了。他漫步在江西造口,造口溪的水流滚滚而去,看那连绵起伏的贺兰山。他想起当年金人追隆祐太后至造口不及而之事,挥毫就写出一首词《菩萨蛮》。

《菩萨蛮》
郁孤台下清江水,中间多少行人泪。西北望长安,可怜无数山。青山遮不住,毕竟东流去。江晚正愁余,山深闻鹧鸪。

郁孤台隆起平地数丈,孤崛而立,襟带千里山河。他暗写的是南渡之初,金人追隆祐太后的御舟到造口不及而还之事。他用兴的手法,只点出江水是行人之泪。长安总是一种符号,很多诗人将其指代为故国,他有"西北望长安,可怜无数山",苦心希望能够北伐,收复故土,可是不知有多少重重阻隔。他深炼句法,暗藏抗金之心,忠愤之气。

这首词,从表面上来看,似乎是很平和的,结构匀称,但此词那句句押韵,繁音促节,长吁短叹,让人在感觉到词人的情绪起伏。一声声的叹息,先说"行人泪",再云"流去",让人感觉到词人离开之时无处可释的烦闷。

"青山遮不住,毕竟东流去",有人认为辛弃疾的词是从李后主的词作中化出来的,这句确然。"问君能有几多愁,恰似一江春水向东流",却是被辛弃疾反用青山亦难为,行人之苦泪亦东流,无限故地悲思,让人伤怀。天色渐渐昏暗下去,愁情却悄悄缠绕着,升腾着,山深闻鹧鸪,还有恢复的希望吗?他默默问着这句话,盼不到,做不到,忘不了,尽在一种闻声不语的入静之中。动静相合,展现了不堪回首的情意结。

有时,我们会想到一个已然有家有业的人,没必要去想那么深远的事情。世上太多才能之士,可以天天侃着时局,但真正到做事上都没有想负责的人,也不愿逆势而行。辛弃疾是从北方到南方的人,就朝廷的眼光来看,是位"归正人",不可信任的。他却坚持着,在重重压力下争取一点点发光。很多英雄并不是没有放弃的心思,比如有人就说辛弃疾已觉得恢复无计方有这首词。但别忘了他是在造口金兵无力再追宋人之地,激发情感,方提笔而作,他始终还是放弃不了。人生长恨皆如此。

梁启超读此词赞云:"如此大声镗鞳,未之有也",借山水而抒怨,把家仇国恨放之四海的无尽长叹,辛弃疾是如此声壮,忧愁又内隐在心。

命运永远是起伏无常的,辛弃疾在江西接到重要的任务就是要扑灭茶商军。从唐代以来,朝廷就向卖茶的商人收取茶叶税,因为南宋失去了淮河以北的大片的地区,而产茶之地又在长江流域及淮河以南,收取茶叶税就成了朝廷的重要收入来源之一。虽然战乱频仍,茶税却一直居高不下,一些人觉得茶价太贵,就开始偷偷走私茶叶。贩运私茶的人会等到茶叶长成之后,大手笔批量购买,偷税,运往各地,以低于正规茶商的价格售出。而且这些私茶贩子还将茶叶偷卖到金国去,甚至假贩茶之名,偷着贩卖耕牛和马匹给金国。这是明显的卖国行为,而且,贩茶商人为了对抗官兵,聚集为盗,1175年的时候,就出现声势较大的一支茶商军,他们的头领叫赖文政。南宋朝廷数次派兵剿灭地,却都被打败。

这时的辛弃疾却得到了朝廷的任命"节制诸军，讨捕茶寇"。辛弃疾调集了几大州的乡兵弓手，他终于有了再展现军事才能的机会，他根据茶商军善于在山野里打隐蔽仗的特点，不断排兵演习，布局列阵。他没有一天休息的，整日里尽忙于军务。其实，久在地方上做事的辛弃疾心里是深知民生疾苦的，他知茶商亦是无奈受苦的百姓，待他已将茶商军逼得进退无路的时候，他就请说客去劝服赖文政投降。赖文政也知大势已去，归顺之后，被辛弃疾送到江州依法斩首。

身为朝廷之臣，总会有不得已之处，岳飞当年也是无奈受命去剿匪，但他仍是坚持了底线，拒绝了屠城。辛弃疾扑灭了茶商军，但他心里始终放不下，于是他向朝廷进言说茶商军也是受苦百姓，望能减免茶税，方能让百姓有生计，就不会为乱。

他毫无畏惧，就给孝宗上了《论盗贼札子》，他犀利地指出："田野之民，郡以聚敛害之，县以科举害之，吏以取乞害之，豪民大姓以兼并害之，而又盗贼以剽杀攘夺害之，臣以谓'不去为盗，将安之乎'？"

他直述民为国家的根本，百姓是受到来自官府的层层盘剥，才会铤而走险，啸聚山林。皇帝不能仅仅指望着有平盗的兵，而应该从源头抓起，打击那些欺辱百姓的腐吏贪官，民有生业，则不为盗。他刚刚有这么一点点机会去节制诸军，以平盗贼，却上了这么一个奏疏，不畏惧权贵，一心为了天下苍生，这样的地方大吏的风骨难寻。他的奏折上没有任何婉转的饰词，全是据实而论。

宋代是有文字狱的，早在南宋之初就有陈东因为上折纵论，结集太学生而被赵构处斩。直述实录，是会得罪人的。辛弃疾也不是没有吃过这样的苦头，但不变初心，一心为国做事的他仍然如此坦白。别的不论，仅此一点就足以让人感佩无及。忠耿之性，竟从未变志，绝不是左右权衡而议，而是直点官府的要害，不能与民争利，辛弃疾诗词之中的这种骨气，源于他的人格。

明明想从军抗敌，收复失地，却让他去剿匪，这实在是非他所愿。而这年的九月，宋孝宗皇帝和一班大臣商议褒奖辛弃疾，辛弃疾也因剿匪之功加了一个"秘阁修撰"的职位。虽然这个职位也仅是士大夫的"贴职",但却表示朝廷对辛弃疾的重要的态度转变。

有这样一群人,他们幼时在金国长大,后来抗金起义,回归南朝,在南宋被认为是"归正人",是不受信任的。辛弃疾就是"归正人",他无论是举义兵投靠宋廷,还是上奏疏广谈军事,或者在地方上奔走做了不少政绩,朝廷始终对他是不信任的。正如邓广铭先生所论,辛弃疾因为平了茶商军,方真正在南宋让君臣们把他视为士大夫的一员,他才能够有机会去为抗金大业做事。

其实,我不太明白的是,像秦桧那般能够带着老婆孩子、亲戚、仆人一大家子人经过数千里的跋涉跑回南宋临安的人,竟能够被君主信任,不视为"归正人"。偏偏从小在金国长大的辛弃疾却如此被排挤,可见歧视真的是从古以来都没有什么道理,君主的信任与不信任都在一念之间。

不论上边是何等做法,辛弃疾都是一个重情义的人。在江西这段时间里,他交了一些不错的朋友,陈季陵就是其中之一。茶商军进犯赣州、吉安,陈季陵协助辛稼轩将其平定,陈季陵尽职尽责,没有丝毫问题。辛弃疾将剿灭茶商军的功劳都给了陈季陵,可是不知何故,朝廷竟将他罢官。辛弃疾至赣州席上为陈季陵送别,写了这一首感人至深的词。

《满江红·赣州席上呈太守陈季陵侍郎》
　　落日苍茫,风才定、片帆无力。还记得、眉来眼去,水光山色。倦客不知身近远,佳人已卜归消息。便归来、只是赋行云,襄王客。
　　些个事,如何得。知有恨,休重忆。但楚天特地,暮云凝碧。过眼不如人意事,十常八九今头白。笑江州、司马太多情,青衫湿。

暮色苍茫,风平浪静,一叶孤舟之帆无力静静停靠。还记得那些美好的日子,水光山色之间。辛弃疾又将风景拟人化"眉来眼去",倒是几番滋味在心头,安慰好友，却以公子佳人之情境画出。"倦客"指因贬官之事而沉闷的陈季陵。贬官失路的以"倦客"形容的在宋词里颇多，比如李纲的词"江湖倦客，年来衰病，坐叹岁华空逝"。虽不知为何如此，佳人也离你远去，但就算她归来，也不过是行云流水，襄王旧梦一般。

"些个事，如何得。知有恨，休重忆。"这些小事如何再去念想，纵然有情绪，也不要再重新回忆了。这句让人想起李后主的词"胭脂泪，相留醉，几时重？"忽然在词中间换头处加入三字仄声韵，加强情绪的激越，辛弃疾却是一放一收，愈加拗愤，终只能看楚天辽阔，暮云又清碧。过眼云烟而已，人间不如意事十常八九，不要学那江州司马，泪染青衫。

似有美人相伴，古人的风雅情调都在种种小事之中，互商互慰，带着脉脉的温馨。我曾经看到清代的大诗论家沈德潜就曾在文章中宽慰一位老友，老友的儿子去世了，他就列举了很多例子劝老友，即使无子也不要过分悲伤。古人宽厚皆如此。

辛弃疾的词就是兄弟、朋友之间自然而生的默契，细如流水，温意情长。之后的两年，辛弃疾由江西提点刑狱改为京西路的转运判官，他就赶到襄阳去就职。不久，朝廷又改派辛弃疾知江陵府，兼荆湖北路的安抚使。

虽然到处迁移，辛弃疾从未存暂住之心，在任之时，都是要兴业除弊。当他来到江陵府，看到驻军中的统制官率逢原纵容其部下殴打百姓，胡作非为。作为安抚使的他是可以不干涉的。可辛弃疾看不下去，无论这率逢原有什么背景，他都要向上建议不能让他再这么横行无忌下去，百姓有何错，要受这样的罪呢？

谁会在好不容易朝廷有点重视之时，就又去惹事呢？就凭这一点，辛弃疾的骨气就是强大的，坚韧不可摧。然而，现实是残酷的，率逢原在朝廷之上有人，辛弃疾的建议没有被采纳，反以帅府与驻军不和为由，调他去做隆兴府的知府兼江南西路的安抚使。这样的朝廷小人得势，又如何能同心抗金呢？可以说在那个时期，南宋已失去了对抗金国的最好时机。辛弃疾词作中的时间紧迫感，愤愤不平之气，也皆有此原因。

内政不修，又怎能迎敌？朝廷并不重视，就万事难济。辛弃疾在江西安抚使任上也没有多久，就在1178年的春天被派往杭州做大理少卿了。我们算算这一年来，他相继到了五个地方，这就是对他重用了吗？真的是徒然消耗辛弃疾的精力。辛弃疾在词作也长叹道："聚散匆匆不偶然，二年历遍楚山川，但将痛饮酬风月，莫放离歌入管弦。"

《满江红·冷泉亭》

直节堂堂，看夹道冠缨拱立。渐翠谷、群仙东下，佩环声急。谁信天峰飞堕地，傍湖千丈开青壁。是当年、玉斧削方壶，无人识。

山木润，琅玕湿。秋露下，琼珠滴。向危亭横跨，玉渊澄碧。醉舞且摇鸾凤影，浩歌莫遣鱼龙泣。恨此中、风物本吾家，今为客。

辛弃疾在南归之后、隐居带湖之前，曾三度在临安当官。宋孝宗乾道六年（1170）他三十一岁时，夏五月受任司农寺主簿，至七年春出知滁州。这是他第一次任职于临安，也是三次中时间较长的一次，因而有人认为这首词是在这个时间写的，但是我们如果去翻查辛弃疾年谱，也就会发现辛弃疾在杭州之时写景之诗颇多，写飞来峰周边的景色的词就有数首，词作的时间节点未必一致。所以，1178年，他在临安任大理寺少卿之时，也有可能创作此词。

飞来峰是杭州的名胜，冷泉亭是这里的一景，白居易当年就特别喜欢这里，还曾写作《冷泉亭记》。辛弃疾开篇就雄劲直笔，发出一篇之气势，"直节堂堂，看夹道冠缨拱立。"这是写冷泉亭前的树木的挺拔昂扬的姿态，就像衣冠楚楚的官员拱立在道路，实则却是写在朝堂的臣子立身处世有则，是他自己在朝堂上的气概，有睥睨一切的气魄。

拟人的手法，从冷泉亭所处的位置，在高处起笔，从上而下。戴冠垂缨的官吏，突出的是他们的气质。把最重点的句子"直节堂堂"单独提出来，放在首句。高大挺拔的树木，巍然而立，倒戟而出，雄豪之气满乾坤，先起扬音调，把作者的志趣流露出来。这是横空劈入式，起势就高，这样的词并不好写，当然能化笔自如的辛弃疾却巧妙接下去，把飞来峰的神仙传说，顺势就入。"渐翠谷，群仙东下，佩环声急。"佩环琅珰，似有仙子飘然而下，视角细微，顺着景物的形势而言，让人如临其间。溪谷的水声琤琤琳琳，像神仙衣上的环佩叮当作响一样。其意本于柳宗元《至小丘西小石潭记》："隔篁竹，闻水声，如鸣佩环。"辛弃疾的拟人之处在于隔与不隔之间，前者说树木如臣子有直节，巍然而立；绾合这句的仙子之飞临，似以幽明之心观有情之人，都是拟人，却是各不相似，前有现实的暗语，后有虚景的实描，由粗入细，景幻交织。有前人认为此处拟人而不同，正是"辛词才气横溢，常不择粗细"，信手拈来，但都能灵活驱使，此处便是一个典型的例子。

"谁信天峰飞堕地，傍湖千丈开青壁。是当年、玉斧削方壶，无人识。"飞来峰，传说是天上之仙山落地，山不高，形势奇矫，傍湖千丈开青壁，正是说飞来峰是在西子畔，如同千丈青壁立列，形容山形之奇陡。飞来峰上山景奇态，尽有灵隐寺之神明莫测。

我曾在我的小说《朝天阙》里将此地作为主角的点化之处，凡能平地起风雷，乱境入仙山的地方，都必然符合不一般的人生体验。辛弃疾满怀希冀看到这天下之洞府，如当年神仙用玉斧削下方壶山，可现在它的来历却无人能知端详。他并不是真想知此山峰的来历，而是寄国家兴衰之感于其中。

临安是南宋的都城，飞来峰立在此间，是最重要的标志。然而，它的来历却已不知其本末，是南宋小朝廷里人心的写照。家国恨尚在，可临安人人陶醉在歌舞升平之间，没有人去考虑何以能有这样的美景，过去的历史已悄然逝去。"谁信"二句，辞意细密，而其中作者寄意深微，峭而不粗。作者的游踪，带着你去回顾那段沧桑的历史，正是一种散文化的笔法，开篇响钟长振，接着细叙美景，夹杂着淡淡的情思。看似曲调缓和，却愈加沉重。

辛弃疾来到冷泉亭，"山木润，琅玕湿。秋露下，琼珠滴"，秋天最是怀愁思，如琼珠滴落的露水，一点点打湿的，山间的木石湿而润泽，先写果，后写因，连句成气，却又婉转如音乐，结合上片来看，正是"无人识"的山间，却有这等的美景，岂不又添了一种风致？词人都是有慧眼的人，在他们那里，无一事不有情，无一物不生辉。

"向危亭横跨，玉渊澄碧。"这冷泉亭，何以名冷泉？由露而化，因秋水而澄清，泛波如碧玉。不知您以前有没有看到过立在半山腰的亭子，这样的亭子很多，可是依泉而建，让游人驻足的，并不多。冷泉亭，就是这一种清妙至极的地方，观景可以让人调意息心，有柳宗元的与天地同化的美妙，有欧阳修的"醉翁之意不在酒，在山水之间也"，都是怡然自足，廓然人生了悟之得，可是这位中年男子辛弃疾却大不相同。

他因景而醉摇摇而舞动，自为摇鸾凤影，浩然长歌，想那冷泉中的游鱼亦可变龙。辛弃疾被这眼前的景色触动了神经，他的豪情再起，激昂起来，把个词弦拨动。

他想到了家乡的美景，那趵突泉的琤玠之音。他想到了历城那"家家泉水，户户垂杨"有著名的七十二泉的胜地，那方的冷泉如今又如何？那里的历下亭、水香亭、水西亭、观澜亭可还安在？

"恨此中、风物本吾家，今为客。"他来到南方，却心系北地家乡的安危，他再也回不去了，本是为了抗金，却不想沦为寄身于此的客人，素愿难酬。狂歌饮酒，舞动秋风，却不能去恨，他发出了呐喊："风物本吾家！"临安中人不知国恨，亦不知同胞之苦，他是痛心的，无限伤感。他找不到那种家园的归属感，而眼前这山水又明明是他从小生活过的地方，两种复杂的对家国之间的追问，在他的心头不断盘旋，他只能通过饮酒和歌舞来排解，可没有丝毫用处。

明代词论家卓人月在《古今词统》评此词说:"前作富贵缠绵,后作萧散俊逸。"

辛弃疾也如苏东坡一样可以融合两种或以上的词风,而绝不突兀。西湖景物依旧,人事却已翻新。他恋家爱国,悲愤深广,写得平淡、含蓄,而那种家国之情,身世之恨却是沉重的。信笔而来,开阖自然。它不是作者的刻意经营之作,全篇无华词为辅,只将心意缓缓吐出。

他在写景方面本就是早有感慨的,可写的时候,却时时收笔,有顿挫之势。铺垫景物之时,他由大到小,由远到近,曲径通幽、胜景迭至。如前人所论,绘画画水时"写水之前后左右"。整首词或拟人,或比喻,或诘问,或推测,清奇灵幻的艺术胜境,是浑然无痕的,辛弃疾并不重视技巧,而因为其才大力胜,凡文字倒成为他所点之兵,尽为驱使。

"冷泉亭"里,驻足的男子,细赏那流泉,冷泉的流水灵透而点点成痴,秋风白露聚成了波浪。

我乘着酒兴起舞,身影如鸾凤在摇荡;我放声高歌,可莫让水底的鱼龙悲泣。这里景物与我老家济南多相像,可恨如今我流落江南,客居他乡!

在如此奔波辗转之中,辛弃疾也是有痛感的,也是孤单的。英风帅将,也需要翠袖红巾,添香墨案。他是一个情种。

《念奴娇·书东流村壁》

野棠花落,又匆匆过了,清明时节。刬地东风欺客梦,一枕云屏寒怯。曲岸持觞,垂杨系马,此地曾经别。楼空人去,旧游飞燕能说。

闻道绮陌东头,行人曾见,帘底纤纤月。旧恨春江流不断,新恨云山千叠。料得明朝,尊前重见,镜里花难折。也应惊问:近来多少华发?

1178年,清明节到了,这又是一朝花谢,匆匆过去的日子。辛弃疾在东流县境内之某村,依旧东风寒冷,惊醒了他的旧梦。他在这里曾经有过一段美好的感情，已渐成情冷。弯曲的水岸，垂杨下系着词人的马，依依情浓的女子与他饮酒话别。再游此故地，如苏轼之词："燕子楼空，佳人何在，空锁楼中燕"，往事历历只有燕子知，能叙情长。

过往行人曾在繁华街市见到这位明艳女子，他的词中点染美女之足，正是情海泛波。往日离别之恨如春江流不断，今日相思之意又如云山重重叠叠。年岁过往，那女子已然嫁人。辛弃疾想他日在宴席再得见她之时，应是镜花水月，难以攀折了，想那女子也应叹问："为何近来你生了这么多白发？"

朦胧的情感，长久的牵念。曾有人说一个男子会将一切与他有过一段心路的女子都认为是他的所有，然辛弃疾却非如此。他明白时间如流水，情感都会变淡的，那女子只会问他为何如此伤悲。辛弃疾对她们是用心用情的，可她们是如何待他的呢？辛弃疾心里对情感的揣摩是很精准的。

我看青山多妩媚，料青山见我应如是，只是一种痴意，全情投入到物我之间。遇到真正纪实事之时，他又是非常理智的。他只愿当日情重，明知到头来，事物都会发生变化的，他再无法攀折，对方亦只能不解地问他为何伤悲。细想来，竟不禁让人泪下。

多情儿女风流客，历史上常有，能把最深沉的东西说出来，似没有一点点的铺染，不似柳永的浮浪轻柔，不似苏东坡的沉情婉致，辛弃疾是淡淡写来，又重重抹去，这种运笔之法更加使人心结百转，不由长叹。

佳人不在，美意成灰，英雄总要名花伴，但这并不是他的世界全部。曾经饮冰卧雪，枕铁衣，与士兵同苦的他，更要做的是疆场上的冲杀，打出一个新天地。

这首《念奴娇》从词调上来看，是唐明皇时歌女念奴足够高的调子，也就是说辛弃疾的笔下仍有一种激昂之气，声情激壮，他整个词音节拗怒，所用韵脚尽是短促的入声韵部，没有含蓄之音，巾帼女妆，英风飒飒之间不缺柔肠深情，这就难怪那秦淮名妓，又有慷然报国之志的柳如是，会最喜辛弃疾之词，以为之名了。

历遍山川　英雄无路

这年，辛弃疾从大理少卿领湖北转运副使时有溯江之行，他泛舟江上，即景题词。

《满江红·江行和杨济翁韵》
　　过眼溪山，怪都似、旧时相识。还记得、梦中行遍，江南江北。佳处径须携杖去，能消几緉平生屐。笑尘劳、三十九年非、长为客。
　　吴楚地，东南坼。英雄事，曹刘敌。被西风吹尽，了无尘迹。楼观才成人已去，旌旗未卷头先白。叹人间、哀乐转相寻，今犹昔。

辛弃疾从南渡以来，前三年他游历了吴楚之地，走遍了大江南北。自从他任建康通判以来，在数个地方官职上迁移，连他的居家之所也不固定，梦中的"家"忆余留。如今，他行舟江上，山川似走还迎，江行其间，别有一种情感，那就是故人来了。

这些山山水水要向他诉说衷情，都似曾相识。当时的扬州，被称为吴头楚尾，山水之间是另具美态。辛弃疾离故地已过了十年，勾起了旧日的回忆。他游览这些佳处美景，只需要带上手杖就可以，消损不了几双木屐。

"还记得、梦中行遍，江南江北"，山水怀思不过是一种心绪，梦中行遍，在官场之中不得自由，有疲倦之态。辛弃疾痛惜这么多的尘网劳碌，三十九岁的他，始终是难成志向。《世说新语·雅量》载阮孚好屐，尝曰："未知一生当着几量（两）屐？"意谓人生短暂无常，辛弃疾却化用其意。游历山水消耗不了太多的木屐，可偏偏求不得，厌倦了官场人事，而愿去领略自然之美，"长为客"，一入尘网中，不能得自由。这是对时空人事的哲理之思，偏是切合辛弃疾的"归正人"的心态。

"笑尘劳、三十九年非"乃套用蘧伯玉（春秋时卫国大夫）年五十而知四十九年之非的话，三十九岁本就是个尴尬的年纪，已近不惑的他心怀忧愤，主宰他的命运的并非他自己。痛惜时光之流逝的人，有很多词作，辛弃疾却从来未潇洒示人，一腔的感时伤事全数吐出。

下片忽然转入史实典故，"吴楚地，东南坼"化用杜诗的《登岳阳楼》之句："吴楚东南坼"，江行之时，广阔的天地却早是南北两半。这样的局势正是南宋与金国的对峙，使他想到了三国"英雄事，曹刘敌"，曹操曾对刘备说："今天下英雄，唯使君与操耳。"而孙权堪与二者鼎立。

辛弃疾行走江南，他最应感慨的人是一统江东八十一州的孙权，可是偏偏词中不直点孙权，以曹操与刘备来直写。这样的英雄，如今皆已成旧事，了无痕迹。"楼观才成人已去"说孙权的伟业逝去，不见人踪，接继就是他自叹满头白发，亦是壮志难酬。

叹年华不再的人有很多，苏东坡能够"一樽还酹江月"，是词中之潇洒伟人；而辛弃疾却"旌旗未卷头先白"，是弓刀游侠。他的词豁达里有着顿挫，是悲愤无端的，强大的势能在整个词作之中流转，最终提高到了一种对人生无常之运数的感慨。"叹人间、哀乐转相寻，今犹昔。"之前的《鹧鸪天》："追往事，叹今昔"，到了这《满江红》就是以"今犹昔"，今之视昔，犹后之视今之感。三国旧事已不在，英雄是不得天时，谁能说清呢？

整个词作中，作者直接插入议论，用了赋笔，全无比兴。很多人以为赋是没有含蓄之意，只是直陈，其实赋是来源自古诗，汉赋亦有婉转之处。如辛弃疾此词就是一个明证，其中隐忧层层暗喻，就是赋的特点。辛弃疾的词更出神之处在于他将古事点化为文字借用，"曹刘敌"，曹刘为孙权之敌，曹刘对敌，孙权南北相拒，却无一字赞孙权，正是妙笔。

辛弃疾在湖山河海之中找到一种心意的舒放，似要归去，偏又难行，总是有家国之思牢笼在全词之中让人感慨。

没有什么人可以把精力放在各种不一样的人生思考之中，就算是政务繁忙的辛弃疾也从不忘对自我的认识，对局势的判断，对人生的感悟。他不以传统之格法来作意，不屑平铺直叙的悲苦。他无时不在想事，反复深酿之后才能知人生三昧，才能写出这样的词来。

有人说辛弃疾的词不过是唱和之作，的确，此首词也是唱和之作，可是他从未对唱和之作不当回事，而是精益求精，细细玩味之后，方写出来。这点初学者很难做到，在世之时的辛弃疾不会想得到他这一生所求最终落空，后世之人却皆知他的词作的美妙，甚至从词作之中感受到他的一生心绪，他的命运波澜，更加了解他这个人，他那个时代。可只要他一点点用心去做了，就必然能够有所成就。

一个人为什么要活着？若为了别人的眼光而活，为了自己的一些罪过而放弃，为了各种恶劣的环境而东西藏掖，不敢有所作为，不敢向命运发出质疑，那的确是无用而无能之人。

当环境已然不让人出头，不让你有所作为，无路可去之时，是不是应该沉下心来，想想到底要的是什么。不惧怕所有的后果和责任，能够向前一直走去，就算是这一世未能成就志向，也完成了自我的存在价值。这是一个英雄的必备之素质。辛弃疾的词是最朴实的东西，却给读者自然鲜活的感触，这就是好作品，人真的应该想想了。

1179年，淳熙己亥，辛弃疾自湖北漕移湖南，他与知交王正之在小山亭饮酒畅谈，在席间他又写了一首绝作。

《摸鱼儿》

更能消、几番风雨，匆匆春又归去。惜春长怕花开早，何况落红无数。春且住，见说道、天涯芳草无归路。怨春不语。算只有殷勤，画檐蛛网，尽日惹飞絮。

长门事，准拟佳期又误。蛾眉曾有人妒。千金纵买相如赋，脉脉此情谁诉？君莫舞，君不见，玉环飞燕皆尘土！闲愁最苦！休去倚危栏，斜阳正在，烟柳断肠处。

春天匆匆归去，不耐得几番风雨。起句就从柔调之中描出伤感之情，怕花开得太早，谁知依然落红无数，惜春不得。绝品圣手往往总是将所有的心思点透在句里，却出人意料，细思却又极是有理。

春且住，天涯芳草无归路，词人痴心地与春天作问答，到底是春无归路，还是机遇再难得，不听话的春天难抵天数，依旧再误。词人只能怨春不语。整日只看那些画檐蛛网，惹飞絮的那等谄媚小人行事。

辛弃疾把春天比作无情之人，层层推进，别春、惜春、问春、怨春，天地间行色竟与词人共呼吸，他将人间的不遇变成风景的远别。没有一丝的堆砌，尽是发乎自然。

下片过到旧事上，陈阿娇本是汉武帝的皇后，汉武帝尚是幼童之时经过他精明的母亲指点，要立阿娇为后，谓之："金屋藏娇"，可当他长大，与陈阿娇的性情不合，新宠又出，将这位皇后就幽闭在长门。辛弃疾一笔将此写出，有宵小之辈妒忌那女子的美丽，已然破坏了她与君主之情。陈阿娇纵然以千金买得司马相如的赋，以求皇帝转变心意，又能如何？司马相如是汉赋名家，他曾为阿娇写赋，史料说汉武帝看赋而喜，阿娇又得宠。事实上陈阿娇是一直失宠的状态，没有复幸。

古代向来只有君王批评臣子，岂见臣子评点君王的呢？辛弃疾却以失宠不遇，纵然有绝高才华相寄，却没人欣赏，以此词来批评皇帝，竟有这一番隐情。他真是非常耿直，有勇气的。辛弃疾并非是愚忠之人，对皇帝的某些所作所为是看不上的，本是力谏以期能改变，不想反被伤害，就将这种苦楚化为女子的愁情，都写到了他的词作之中。

辛弃疾对那些借势起舞，谄媚中伤贤士的小人是非常厌弃的。他点出玉环飞燕皆尘土，杨玉环、赵飞燕是宠妃，可是她们的确于史无功，只以美色惑君，后来下场也皆不好。辛弃疾"闲愁最苦"，不要去倚栏独望，在烟波之处的柔柳，斜阳映照，正是为断肠之人的心思。

然而，这句的最可怕之处在于他在影射当时不识人的皇帝，"休去倚危栏，斜阳正在烟柳断肠处"，皇帝如果你再宠信那些小人，皇朝就会变得很危险了。臣子不可讽君，只能谏君；不能把皇帝批评了，否则很可能会被记恨。而辛弃疾的胆子真的是很大，有识者方会有胆量，没有见识的人，不可能去办一件需要勇略的事情。而这一句是有着非常美感的"烟柳"、"斜阳"，仿佛看到美人伤感之姿，却是暗喻着那日薄西山，每况愈下的王朝。辛弃疾的笔法有着独到之处。

据龙榆生先生所论，这个长调的音节是用"欲吞还吐"的吞咽式组成。关键在开端就运用了一个上三下四的逆挽句式，再加上前后阕又都使用了三言短句，接着一个上三下七的特殊句式，从而呈现着一种低徊往复，掩抑零乱的姿态，韵位安排又是那么忽疏忽密，显示着"欲语情难说出"的哽咽情调。

词之美当在韵，声之色尽与文字相辉映，辛弃疾的创作之所以让人觉得无声胜有声，在于动情之深，能够把多种情绪交融到一起，放在字里行间，让人们从中一点点感受到情感涌出来的滋味，这种"幽咽"之美，就在于词人自己的思绪断续，情感的意脉却相连，由此而生出无限感叹。

早有谢叠山认为此词是因为辛弃疾受了小人攻击，弹劾他十六道本，使他怀怨而写出。正如邓广铭先生所议此论不妥，辛弃疾在各地并未久任，弹劾他之事，当是他后期建军时才会发生的，不是此时之心态。

"惜春长怕花开早，何况落红无数"，他是怒恨那些因为符离一战之败就再不敢对金抵抗的满朝文武大员。他指出朝廷要敢于承认失败，做好长期的准备，才能打胜。这和越王勾践当年卧薪尝胆报国杀仇敌的思路是完全一样的。不能因小败而沮大业，这是辛弃疾一直以来的看法，也是他的为人做事之道。因此，他才能够在任何不良的环境中，始终消化那些负面的能量，积极向上地应对处理这些问题，一步步向理想前进。

我却最喜《摸鱼儿》这种将女子的典故融合的技法，其用后妃生平之悟于个人之悲。取其历史背景，随意点染，加以作者的思考。辛弃疾的笔法如此神妙。他的春怨与闺怨竟可以上片与下片暗含意脉，让人婉转不尽，"斜阳依旧画楼红"，我的诗句里也只能化用其末句之意，见笑方家。

这样的男子必然会有一种不一样的气质，心结全是婉曲，柔肠寓于刚强，又能有气壮雄豪的"补天裂"，又能有"怨春不语"的女儿心思，总是神功妙化。

想来，历来能将男子之怨悲以闺情春怨写出的作品不少，为何此词却独冠其首呢？他的人之风度，之情深尽在其中，当是要因。

这样的辛弃疾的词作岂能不流传？

谁也不会想到，流离辗转在南宋各地的这位能干的方面大吏辛弃疾终于得到了一个新的军事任务。这是他三十几年来一直想完成的事，老天爷奇迹般地给了他一个机会。

1178年下半年，辛弃疾从大理少卿任上被调作荆湖北路的转运副使，到次年三月，又被改作荆湖南路的转运判官。待到1179年秋季，他又由湖南转运副使改为潭州的知州，并兼任荆湖南路的安抚使。"折尽武昌柳，挂席上潇湘。二年鱼鸟江止，笑我往来忙。"

辛弃疾绝非肚量窄小之人，他对同样以平茶商军而得功的同僚，也是非常欣赏的。他有一阕贺王宣子平湖南寇的《满江红》以表此意，没想到却引来了一场误会。

《满江红·贺王宣子平湖南寇》

笳鼓归来，举鞭问、何如诸葛。人道是、匆匆五月，渡泸深入。白羽风生貔虎噪，青溪路断猩鼯泣。早红尘、一骑落平冈，捷书急。

三万卷，龙韬客。浑未得，文章力。把诗书马上，笑驱锋镝。金印明年如斗大，貂蝉却自兜鍪出。待刻公、勋业到云霄，浯溪石。

王宣子是浙江会稽山阴人，他来湖南长沙任职。当时的长沙也是风波不休的，有个名叫陈丰的人，他聚起数千人的茶商军，啸聚山林。朝廷就派王宣子扫灭这支茶商军，可是当时军队调拨太不容易。幸好有一太尉冯湛谪居在这里，于是王宣子就让他领军。南宋那个时期也是有间谍战的，岳飞、韩世忠、吴玠等人就曾频频向金国派送细作，重点是在金国的沦陷区找到有用的情报，甚至在和谈未定之时皆是如此，还曾惹得金国非议。

王宣子也是明了用谍的重要，他以间谍探知陈丰的军队虚实之后，让冯湛领五百人接应。他派了三十名敢死队的精壮兵士，手执短兵器，直接杀入陈丰的军中。当然，这个计策的最关键点是当时陈丰的军队都在午休，吃饭的吃饭，遛弯的遛弯，谁也没想到宋军就杀了进来。

陈丰当时正抱着他孙子在腿上玩笑，忽然见明晃晃的刀都架在脖子上了，他傻了眼，被擒。他的部众也大多被捉到。这一下子就立了大功，冯湛官复原职，王宣子增秩。辛弃疾就写了这首词来祝贺。

胜利归来之时，举起鞭来问，谁能像诸葛亮那样。其中又反借用了《南史》曹景宗传的赞评："借问行路人，何如霍去病！"来称道王宣子的奇谋妙策。他又以《出师表》的原文之意说王宣子是深入不毛之地，能会得"捷书急"。这词的上片本无可争议，总是一番英雄相赞之情，可下片却引发了王宣子的误会，"三万卷，龙韬客。浑未得，文章力。把诗书马上，笑驱锋镝。金印明年如斗大，貂蝉却自兜鍪出。待刻公、勋业到云霄，浯溪石。"他本意是说诗书要化为马上之事功，方能有所作为，也是说居马上而得之事业，又岂用诗书之力。

王宣子看到之后就以为辛弃疾是讥讽他了，心里一直怀怨。其实，早在陈后山送给苏尚书的一首词《知定州》就用过此句之典："枉读平生三万卷，貂蝉当作兜鍪"，也就是说三国之时很多才智之士都不能尽其智气勇力以与董卓这样的贼子相抗争，而貂蝉却能可以。这明明是一种赞美王宣子的意思，可是王宣子就是偏偏认定辛弃疾是嘲讽他。

其实，他这种心理也是可以理解的，想想他平生是一个儒生，本也没有得罪过清议，忽然深入到穷山恶水之间，没人愿意去的地方，又立下了一番功业。朝廷里妒忌非议他的人就突然之间全都出来了，不断谏言指责他，估计他已被气得不行了。一个人并不因为地位高了，就大家都不再议论你了，正如《菜根谭》所说的，哪有人背后不说人，哪有人不被别人说的。何况中国的人情社会里总有枪打出头鸟的时候，王宣子形成了这种心理阴影之后，看到辛弃疾的词也会联想到是在讽刺他，也很正常。

辛弃疾为人光明磊落，可是他在人情世故上，往往并不那么圆融，能够推测对方的心思，这使得他的行路也比较难。纵然大家都是为国做事的人，彼此之间也不见得都没有矛盾，人生之难就在于此处。

但是，辛弃疾是一个孤胆英雄，即使他的一切都会被人误解，他只会更加坚定，仍然在词里发表议论，在行政事务上积极进取，仍在每一处尽力做事，特别是对军事抱有一番洞见，绝不会变其初心。

据宋史专家邓广铭先生所述，这两年，由于地方政府推行政策失当，激成以连州的李晞和郴州的陈子明为首的暴动，他们以林菁深阻的山区为根据地，曾四出攻占过连州的阳山县城、道州的江华县城、桂阳军的蓝山临武两县城。

朝廷最怕的是民变，最怕的是民兵占领州县，赵构之所以一直不相信那些忠义民兵，是因为他亲眼看到过一些朝廷大臣如王云等被民兵杀死的事。而到了宋孝宗继位，对于这些在内部作乱的人也十分恐惧。

这时的辛弃疾已经来到了两湖之地任职，他看到这些百姓的痛苦，就上疏给皇帝，对当时的生民疾苦进行了分析。当时从湖南的潭州以至郴州、连州、道州、桂阳等地都有一种名为"乡社"的武装组织，这些组织的民户数目，少的有二三百家，多的有五六百家，统领的人都是当时的土豪劣绅。

他们将这些乡社放在穷山恶水之中，以这种形式的武装来剥削百姓。痛苦的百姓走投无路，就更加会聚集起事。辛弃疾深知这种百姓受到欺凌压抑的情况，他向朝廷提出要分而化之，将各乡社中表现较好的保留，坏的打击。再将大的乡社变小，最大的不超过五十家民户，这样一一管理起来。朝廷采纳了他的建议。因为当时虽然湖南离抗金之地甚远，但是绿林中人对抗朝廷之事却不少，暴动起来，就难以抑止的。

辛弃疾果然是治世之能臣，有实际变通的干吏之才，并不是一味蛮干的武夫。他的用兵皆有仁心，是军事家就轻易不会动武，而能够运用策略来治理事务。他站的立场是能不能有利大局，对百姓有利，绝不是出于私心。即使局势已然不堪，他也能想出各种方式来救世，可谓是一代能臣。

湖南仍是不太平，聚啸山林的民众反对当时时局的压迫，暴动频发。南宋的兵士却因为腐化而失去了应有的战斗力，有的士兵甚至成为了兵匪，也以欺凌百姓为能事。南宋的军事上总是将主要的能打仗的军队都放在京都周边，重点兵力都是禁兵，而厢兵实是各州府和某些禁中的杂兵，主要来自招募。但由于宋代的官制很复杂，往往节制与统军的权力是不一样的。

很多兵士会成为将校的私有部曲，甚至有些将校开始贩运商品，充为私囊，兵士必须依托某个将校，他的生活衣食才有着落。如此一来就会有很多士兵不再习武操练，军纪荡然，战斗力自然下降。其实这种现象在南宋的绍兴年间就曾经出现过，当时的各大将之中就有不少行商的营生，如韩世忠、吴玠都是一等一的将领，可是依然应付不了浩荡的军费开支，就更别说一些想求"上进"的无能之辈的奔走开销。就算是有才能的人，又有几个不在恶劣的环境里委曲求全，以财货疏通关系，哪怕戚继光这样的名将，也是需要送礼以保全。

但是，如果军营里都做生意了，就会丧失理想信念。这并不夸张的。所以有学者认为北宋之军纪废弛，在于让部队经商。但也不能说，军队就不应自食其力，不能有些营生。当年曹操在演兵之时，就采用了屯田之制，让军队闲时为民，战时出征，巩固了边疆，又凝聚了人气，还解决了军饷的问题。问题这是与百姓的合作，而不是强霸占有，更不是让士兵们成为个别军官谋利的工具。

南宋本有以将御兵之计，比如将领常年调换，让兵不识将，将不知兵，以防范武官专权，可是，一切都挡不过上有所好，下必甚焉这八个字。从宋徽宗开始就大兴土木，默许买卖官位，到赵构偏安一隅，却一个劲地不知收敛，在地方上不断敛取钱货，这种风气一旦形成就是挡不住的，就会像病毒一般，渗透到强大帝国的每个血管之中。打江山易，守江山难，也就是这个道理。军队也不是方外之地，何况在湖南这种帝王鞭长莫及之所在，更是如此。

作为当时地方的最高长官的安抚使的辛弃疾看到这种情况是很痛心的，兵贵习练，必须要整顿军纪，可是若从现在的这些已然不堪的兵士中选出一批人来，耗时长不说，效果也不好，难以抵挡绿林人马。

辛弃疾就想再建一支新军，他要从根源做起，将这支新军演练成能够保护一方的雄师，更重要的是他想借此成就抗金劲旅，但这个目的显然不能直白表露，朝廷对金国只有忌惮。为此，辛弃疾多方参考，上疏给朝廷，要建湖南的"飞虎军"，这支军队要依照广东路摧锋军的先例，遥隶于南宋政府的枢密院和御前步军司，就近则专听湖南安抚使的节制和调度。先将军队的权属从地方变为中央，再由地方行差遣的权力，军队的权力更加有了节制，也就不会容易腐化。

南宋朝廷也同意了辛弃疾的建议，下旨让他"委以规则"。

这么多年来一直希望能够上战场与金军作战的辛弃疾，终于得到了一个合法的建军权力。他的心情澎湃，多年来经营张罗，神机军策都可以实现。已过不惑之年的他一下子看到了希望。他在送别友人回临安的《贺新郎》的词中亦有一种倔强倨傲之气："前度刘郎今重到，问玄都，千树花存否。"又以刘禹锡之诗典故来吐露雄慨之情，真是凡所作必关乎要事，全无虚词，往来送别之词多凡情俗语，祝福应付之意，谁会总在每一个人的离别之时，都要借此抒发自己的心意，来鼓励对方呢？辛弃疾果然是一个痴人。

一方水土养一方人，辛弃疾是一定要在湖南成立飞虎军的。这其实也与湖南的地理环境及人文气息有关系。潇湘自古多帅才，早在战国之时，由于湖南地处于楚地，唱楚歌，观楚舞，就能让屈原成就《九歌》那样浪漫英雄色彩浓厚的诗作。湖湘文化与中原文化圈是不一样的，刘邦和项羽皆是楚地楚人，"秦火未尽山东乱，刘项原来不读书"，荆湘之人是有另一种英雄气的，他们能够大破大立，开创一番新事业。到了清朝之时，中兴将帅，十九湖湘，曾国藩就曾在他的书里深刻地对湖南的地理环境及乡人的性格做了一番分析，故乡情结在湖南来说是比较重要的，不能让外人毁了自己的家园。当年，"楚虽三户，亡秦必楚"的惊天动地的誓言并没有随着时光流逝而淡去，而是流淌在湘人的血脉之中。曾国藩才会在湖南这边组建湘军，成为已经垂死挣扎的大清的唯一可用之军。

历史的事件在不断变化，但是地方性格的图景却不会中断，只要文化没有断根，那就会有再次获得力量的希望。辛弃疾对在湖南创建一支真正能够打仗的，能够对抗金国的军队很有信心，他也做好了相当全面的计划。

根据邓广铭先生的分析，他在接到朝廷的诏令之后，立即着手进行各项具体的工作：首先，利用五代十国期内割据湖南的马殷在长沙所建营垒的故基，建造新的营房。其次，招募步兵二千人，马兵五百人，并派人前往广西产马之地，以五万贯钱买回战马五百匹，并且还请准南宋政府下令给广西的安抚使司，要从那里每年代买战马三十匹，送湖南飞虎军中供补充之用。

为什么要先建营房，这个很多人都明白，但是，如何能够把营房建得牢固，就难了。利用旧的工防设施来做新的掩体，利用以前的营房来改建，这诚然是一种能够节省人力的法子。秦始皇的长城根本没有像今天这么多的关隘，这样的长，而从秦代开始一直到明代，历朝历代都不断加长加修，当然也没有防住清军挖城墙，钻了进来。这是很有趣的。

关于如何守住城池，最开始必须要加修城内外的工事，把旧城修好才对。辛弃疾要利用之前的营垒故基，是很对的。但问题来了，当时湖南阴雨连绵，秋季一到，秋风秋雨瑟瑟愁，可是建造营房需要上二十万片的瓦无法烧造。那个时代，不可能像今天这样高科技，烧煤制炭，作瓦弄砖都可以用各种新材料。瓦片是要火来烧制，天气不好，就不可能把任务完成。辛弃疾最明白皇帝让他建飞虎军可能只是一时起意，若是不赶紧完成，这个事可能就办不下去了。

他必须争分夺秒，先把事情做上去，让皇帝一看，觉得不错，以后就好办了。他对瓦片这件事反复想，就有了法子。他下令给长沙城内外的百姓，要每家供送二十片瓦，且限于两日之内如数送到营房基地，送到之后立即付与瓦价一百文。这就是发动百姓力量来支援军队建设，这可是一个创举。后世的军队总有支前的组织力量，这怕也是从古人身上汲取的智慧。

辛弃疾这一百文的数目可不少，要知道对于那些苦难深重的百姓来说，他们并不一定懂得为什么要建个飞虎军，也不知道做事情会有什么后果，他们只是想求个温饱。让他们直接出力，强制要他们的财物，是很多酷吏的做法，那叫聚敛。可是你向百姓说明事情，和他们公平交易，老百姓就会满意，自然就会支持。很快辛弃疾就把二十万片的瓦都凑足了。

要知道建个营房不能光有瓦，还得有不少材料，可是石头又成了大难题。提到采办石头，宋代是会把人折腾到家的。当年，宋徽宗这个所谓的艺术家皇帝为了搞他的艺术创作，就要把天下的奇石都聚到京都来。哪怕这块石头是离京都几千里，几万里，也要准时送到，当时的蔡京是个权奸，他就利用这个机会，大量役使百姓，弄得很多人家活不下去。《水浒传》里，那些梁山好汉也是要把这些赃官的钱拿回来，开卷就提到花石纲，那就是采办奇树奇石的资用。

可是，辛弃疾却不想让百姓干这样的差事，他总是会想方设法找些新法子，来帮助百姓生活。所谓地方上主政，不是来压迫百姓，而是要让百姓有更多法子活下去，让他们少些负担。于是，辛弃疾就调发当地的囚徒罪犯们到长沙城北的沙嘴山去开凿；按照各人所犯罪情的轻重，规定其所应供送的石块数目，作为赎罪的代价。他真的是一个能臣，这种法子是一般人不敢担当的，关于如何运用这些曾经犯过罪的人，是考验官吏的试金石。

古代就有官吏因为要急着办差事，出了妙策，将囚犯中比较有能耐的人暂释出来押运货物以赎罪，果然一路平安完成任务。辛弃疾对犯事的人能释刑以宽，又引他们向善，说明他不仅仅对刑法很了解，更是能够懂得人性。对百姓的宽和，对囚犯的使用，让人不禁想起明代的戏曲之祖汤显祖的以情教人，"情教"是古代文艺家很重视的一种治理方式，他们对是非和立场是极有原则的，比如辛弃疾的抗金，这个立场很明确，但在为人处世上又在理性的同时更富有情感性，能够感化别人，让对方心悦诚服。

他们用真情来教化世人，但不会偏离他们为人做事的宗旨，这是一种比较好的生活处世方式。圆融而不圆滑，高贵的心，傲气的骨都是藏在里面的，原则性问题不动摇，道德问题不含糊，利益上不重要，情感才是最要紧。古来的很多有文艺水平的政治家，都有这样的倾向，比如汤显祖也曾经让罪犯归家，再让他们自动回家，果然无一人不归来服刑。当然，若真的是罪恶滔天的人，也必须得到严惩。

辛弃疾如此着急完成所有的任务，是因为他知道朝廷里有不少人是不赞成他建飞虎军的，他们会在皇帝的身边不断吹风，阻挠飞虎军的建立进程。果然，不出他之所料，枢密院就有大臣向皇帝吹风了，捕风捉影造谣辛弃疾，甚至连陆九渊也直接写信给辛弃疾，告诫他要做事有分寸。

由于辛弃疾的瓦片收集工作，一切建置费用能够马上到位，这可就给了那些想搞事的人最好的借口。他们弹劾辛弃疾"聚敛民财"，明明是为国家效力，出资购买百姓的物品，让更多罪犯知过悔改，却被小人说成是他在敛财，这是多么让人气愤的事。枢密院降下"御前金字牌"让他把这项工作停止。

很多人听说过宋代的金字牌，岳飞就是被十二道金牌召回临安，蒙冤死在风波亭。这金字牌是什么呢？

宋代皇帝发号令到将领这边，不会像今天这样打打电话就明白了，金字牌就是由急脚递等最快速度的传送方式来送达的号令。枢密院下的令，就相当于国家一级命令，按说下属不得不听的。可是辛弃疾却敢说，他没看到金字牌。

他把送来的金字牌藏起来，继续催建飞虎军。从南宋的军法来讲，的确有将在外，君命有所不受的情况，当年南宋高宗赵构需要岳飞为他保江山的时候，多次下令给岳飞，表示同意他便宜行事。所谓便宜行事，就是将领可以根据军事变化情况自主选择对敌之策。可是这皇帝的脸也是说翻就翻，等到战局似稳，和议已成，就严令岳飞必须退兵，然后就在风波亭冤杀岳飞。

辛弃疾如此胆大，竟然敢把皇帝下的金字牌给藏了起来，真的是"气吞万里如虎"，他继续催办飞虎队，这是他的理想，即使上司不支持，他也要完成。辛弃疾在组建队伍之时，他若无其事一样，要求必须按限期完成工作，违期当依军法处治。结果等到飞虎队建好，皇帝知道之时，辛弃疾方将所有费用一一开列，具实陈奏，皇帝才了解到辛弃疾并无聚敛钱财之事。

但是，如果你认为辛弃疾敢于瞒骗皇帝，就是有野心，有心机的话，恐怕就要失望了。他其实对朝廷中人的种种诋毁心知肚明，辛弃疾将愤怒的情绪隐藏在他的词作之中。

《阮郎归》

山前风雨欲黄昏。山头来去云。鹧鸪声里数家村。潇湘逢故人。

挥羽扇，整纶巾。少年鞍马尘。如今憔悴赋招魂。儒冠多误身。

辛弃疾在1179年领湖南漕事，后改为湖南安抚使，作为一方面大吏，他也需要四处巡察，按常例他巡察到耒阳道上之时，遇到他的一位故人好友张处士，就写了这首词。整首词大大不同于辛弃疾之前所作，他变豪迈雄浑为沉郁悲怆，按说并不符合他已然成为独当一面的实权派的官员的心理。风雨欲来山河变色，黄昏前灯火闪烁。山头浮云来去，整句的气氛让人想到唐代诗人乔知之的《苦寒行》："胡天夜清迥，孤云独飘扬。"本就是有忧郁飘然不定的心情，他连年奔波辗转，可朝廷黑暗，佞臣陷害贤能，他的理想总难实现。"欲"字是一语双关，时间上快要到黄昏，天色也似晦暗不明，如心情一般无法明言，隐隐有一种预感到的风雨来临。

他听着那数声鹧鸪，看到那地方住着数户村家，在这长长的寂寞冷清的潇湘路上，他遇到一位故人。古人认为，鹧鸪的叫声，好似"行不得哥哥"，声声催人断征程，辛弃疾对前途是满怀担忧的，他的心境也很凄凉。过不惑之年的人，好不容易走过那么多路，熬到了一个位置，可以成立一支队伍来保家卫国，可是竟然又让他暂停。这是何等的难过，冷清的长路，一个人一直在跋涉，也总会累的。辛弃疾再如何英雄，他也是一个有血有肉的凡人，他遇到了这位故人，这满腹的心事就会想倾吐出来。

"潇湘逢故人"，化用南朝梁柳恽《江南曲》的诗句"洞庭有归客，潇湘逢故人"。不知为何，也许是我读过《红楼梦》的原因，每每看到这"潇湘"两个字，就会想到林妹妹的住处——潇湘馆。刘梦得曾有句云"斑竹枝、斑竹枝，泪痕点点寄相思"，虽然有前人解释这首词是辛弃疾的心情已经转好，然而从下片来看，他提到了屈原的《招魂》，这湘水之悲，仍然是一种地域性的描述，是有湘妃悲泣的心声。《鹧鸪天》以平声收韵，音节相当谐婉，以表达轻柔婉转，反复长叹的心绪。

辛弃疾少年之时也曾"挥羽扇，整纶巾"，就像孔明一样，带领千军万马在战场上与敌鏖战。这是他一辈子最光辉的时刻，是他在穷途时最好的安慰食粮。然而，回忆愈清晰，生活愈痛苦，"少年鞍马尘"早已一去不复返了，潇洒风度也早已不见了，现在的辛弃疾是憔悴的，满怀忧愤的，他想学宋玉赋《招魂》，屡被排斥，上下沉浮，频繁调任，他的金殿奏议之策全成画饼。他想不通，到底是什么让人生变得如此坎坷？

一心抗金，为国尽忠的辛弃疾到头来却是"英雄千古，荒草没残碑"，一个读书人也许是他最后的结论，因为儒家的忠节让他无法放弃理想，让他恪守原则，忠义不能解，千古总冤魂。他借用杜甫的诗句"纨绔不饿死，儒冠多误身"，来叹息自己落魄蹉跎的遭遇。正如前人所论，此词作语调低沉，感情凄怆，读之令人垂泪，引起了对词人的无限同情。

辛弃疾在湖南已然成立飞虎军，成为当时震威湖湘之地的劲旅，那些山寇林匪不敢轻易滋扰百姓了。飞虎军名震一方，正如《宋史·辛弃疾传》所称赞："雄震一方"，有如此政绩，辛弃疾却不能久留湖南，因为朝廷又故技重施，将他转派到隆兴府当知府兼江南西路的安抚使。

前路茫茫　逆水行舟

　　1180年的冬天，他又背起行囊上路了，这次他的责任是"任责荒政"，因为隆兴府在这年遭遇到很严重的旱灾，粮米极其短缺。辛弃疾到任立即让百姓感觉到了新政的力量，他的政令简单明了，谁都能理解，因为就八个字："闭粜者配，强籴者斩"，就是说囤积粮食的人必须马上把粮食交出来，不然就得受到流配的惩罚；一切缺粮的人又不准去抢劫有粮的人。这不禁让人想到汉高祖刘邦的三条律法："杀人者斩，伤人及盗者论罪"。一下子就让饱受秦法之害的百姓明白了，于是咸阳的百姓皆拥护刘邦，而刘邦脑袋一热，忘了还有那么强大的项羽，自封为"关中王"。辛弃疾这八字律法，简单明了，马上就有百姓能够跑出来支持他。

　　紧接着，辛弃疾就集合隆兴府里精明干练的人才，让他们用官府的银器和钱币出去购买粮食，运回隆兴府，官家对他们运回来的粮食只取本金，不收利息。很快他们就从四处购来大量的粮食，粮价就下来了，隆兴府的百姓再也不用为粮食发愁了。

　　辛弃疾很善于利用商人，但他与商人的关系是清如水，明如镜的，能够足地方之资财，利生民之本业，注重地区的发展实力，这是一般官吏不具有的胆略。这时，信州（江西上饶）也受灾缺粮，看到隆兴府有粮，就来商借。

辛弃疾要借粮给信州，很多人都不同意，这才稳定下来的粮荒，怎么就敢向别的地方送粮去？可他却秉持公心，一定要送粮给信州，成为当时的善政。

他已然从昔日那个匹马闯敌营，一身少年江湖豪侠气的人变成了成熟练达，能够协理各方关系的朝廷干吏。1181年南宋将辛弃疾的官阶晋了一级，由宣教郎改为奉议郎。

可惜，人走得愈高，就愈会被小人所害，有一些官员对辛弃疾的能力看不顺眼，一意要将他拉下来。

我总觉得一个人想成功，逆商的确很重要。所谓逆商就是如何对待人生中的坎坷和挫折。小时候，我的逆商还可以，至少还能忍受挫折，可长大之后，情绪就难以自控，有时也会很偏激，伤害了自己，也伤害了别人。

所有的问题，就在于如何看待生活中的那些不如意，但凡你有一点点成绩，肯定就会有一些人试图将你拉下来，如果你就按他们的逻辑走，认为自己这样做不行，那样做不行，那肯定是着了道，不可能成功。如果你已然有所成绩，却仍然不能脱离原来坎坷的回忆，总活在过去之中，不断抱怨命运的恶待，那也不可能取得更高的成绩。但性情的确是要看客观环境如何，培养起来很不容易。人要了解自己，比了解别人难得多，这句话要等到老了才会明白。

刚刚有些政绩的辛弃疾也是如此，他遭遇了一场人生重大的坎坷，那就是不少朝臣开始给他下药。那年冬天分外寒冷，腊月之时，辛弃疾得到了一个不好的消息，朝廷中的谏官王蔺找到了一些有关他创建飞虎军的传闻，对他提出弹劾，向皇帝进谄言，说辛弃疾"奸贪凶暴，帅湖南日虐害田里"。真不知这种谎言从何而来，明明平价交易，官府与百姓两利，军队建设未动国库分毫，竟成了辛弃疾的罪状。还有人指责辛弃疾是："用钱如泥沙，杀人如草芥"，这分明是说辛弃疾有贪污的行径，实质上，辛弃疾总是多方筹资全用在军队之上，想来数日之内要建飞虎军是多么困难，朝廷并无多少资助，辛弃疾又哪里有机会营私舞弊？他杀人是去剿匪，居然都扩大化了，意在说他伤害百姓。

辛弃疾因为瞒报金字牌，继续建设飞虎军，使得他被王蔺扣上了"凭陵上司"的罪名，这却可以看出一点，这位王蔺是有后台支持，是枢密院的一些人对辛弃疾不听指挥之事耿耿于怀，不希望辛弃疾以能力出头。就连辛弃疾与那些友人唱和诗词的事，也被这些大臣诬陷成"缔结同类，方广赂遗"。辛弃疾成为一个被打压的对象，所有的成绩居然在这个王蔺的嘴里全变成了缺陷，槽点多多。这是什么个世道？

辛弃疾并不是没有经历过风雨的，他能够理性看待这些事情，他不是不能忍受，但一个人的情绪是积累着的，终会有爆发的一天。而此时，朝廷却偏听偏信，本想给辛弃疾升官的皇帝居然因为这么一个可笑的弹劾，就将辛弃疾浙江西路的提点刑狱的差使罢了，还连辛弃疾的"右文殿修撰"的贴职也免了。辛弃疾本已看到去浙江的可能，能够做一番大事，那可是重要的实权部门，主管刑狱，居然就没有了。

他本是一代帅臣，预料到金国必然会灭亡，多年已推算到南宋尚有可治救的办法，偏偏没有人重用，本来他是一直屈就在各种地方官吏的位置上的，这完全是杀鸡用了宰牛刀。辛弃疾已然是很委屈了，可是居然连这样的地方之吏，也不让他好好坐稳，竟然说他有贪污之事，"用钱如泥沙"、"杀人如草芥"，甚至"好色"。一世英勇的辛弃疾能不悲愤吗？

他因谏官弹劾罢官，马上就要离开南昌，这可是他第二次来到豫章，又要离开，这种心境在一首赠友人的词中，他尽述悲慨。

《昭君怨·豫章寄张定叟》

长记潇湘秋晚。歌舞橘洲人散。走马月明中。折芙蓉。今日西山南浦。画栋珠帘云雨。风景不争多。奈愁何。

《昭君怨》本是琴曲，《琴曲谱录》中指出："中古琴弄名有昭君怨，明妃制。"

《琴操》一书里也点出："齐国王穰，以其女昭君，献之元帝，帝不之幸。后欲以一女赐单于，昭君请行。及至，单于大悦。昭君恨帝始不见遇，乃作怨思之歌。"王昭君绝色容姿，却因为被小人毛延寿所害，不得君王见赏，只能远嫁到蛮夷之地。古来为王昭君写诗词的人颇多，多为凄凉之情，辛弃疾的笔下，却没有点那琴曲之题，翻将怨意含在一首略有豪情的词作之中。

这首词是送给张构的，辛弃疾与张家是交往颇深的，曾与张构的兄长张栻两次会面于湖南长沙，要知道这是因志趣相投，就结为同好，绝非什么"缔结党羽"。很多熟悉宋史的人，应该知道当时主张抗金之事的人，就有一位叫张浚的，而他的长子张栻、次子张构都与辛弃疾有交往，辛弃疾的词就是送给张构的。张浚的确在早年有过抗金之举，可是他远远不如岳飞的耿直忠烈，当年秦桧陷害岳飞之时，早早先将张浚警之，张浚比较熟悉官场，他知道要有大事发生，索性就自请去了兵权，而改任闲职。这样的行径又岂能和专心抗金的岳飞相比呢？但是，若从当时的朝廷被秦桧势力所笼罩的情况来看，这张浚明哲保身也是权宜之计，他也并没有完全放弃来日再战的想法，所以在隆兴年间，张浚才会建议皇帝起兵抗金，虽然惨败，但亦可见忠心。由此，辛弃疾同为主战之派系的后人，他与张浚之子有联系，这也是正常的。

他们当年是如何会面的呢？辛弃疾的笔下，就回忆了这段往事。

潇湘之地，那年的秋天夜晚，忆往昔湖南相聚，同游长沙橘子洲如今早已曲终人离，他们为了抗金之事，不断奔波在官场之中，"走马月明中，折芙蓉"，让人想起"不堪回首月明中"，李煜的词作曾有此句，寓深沉的悲伤回忆于淡淡朦胧的意境之中，难怪有人说辛弃疾之词风有出自李后主之处。辛弃疾的笔锋却带着一种豪色，一种劲力，万不是温厚柔绵的南唐二主词能有的。

长沙之地，是飞虎军所在，而张栻来长沙，却不能说全是为了军事，他与其父亲有不一样的地方，他是一位饱学宿儒。张栻与朱熹等人经常谈论理学，他是重建岳麓书院的主力，但他的教育主张却与辛弃疾的经事济民、用兵之道有关系。重建岳麓书院时，张栻撰写了《岳麓书院记》，奠定了岳麓的办学方针和指导思想，明确了以反对科举利禄之学、培养传道济民的人才为其办学指导思想。

从辛弃疾的词作来看，他与这些理学之士交往颇深的，善于纵理论事于词的风格，也可能受到这些理学之士的影响。《昭君怨》又名《宴西园》《一痕沙》。全词四十字，全阕四换韵，两仄两平递转，上下片同。这下片，他又开始将愁情寄寓，表露离开宦海之心。

他的词作之中的"今日西山南浦"，有论者认为西山应是位于江西南昌新建县西部的西山，南浦应是指江西南昌西南的南浦，有南浦亭位于南昌城区滕王阁南面。

"画栋珠帘云雨"这句词是化用众人皆熟知《滕王阁序》中"画栋朝飞南浦云，珠帘暮卷西山雨"。王勃撰写此文时年方二十多岁，尚志气，写胜景，而辛弃疾的眼中却是西山之薄暮，云雨之泪容，还有什么愁绪能与这样的离别之情、今昔浩叹相比呢？"风景不争多，奈愁何"再不想看那些美好的愿景，无限愁肠。

此时的辛弃疾对仕途的前景感觉到灰暗，似他这般的英雄，偶然也有了隐居之思。罢官，是对他所有的否定，这首词也是他再次无奈的悲鸣。

他的情绪已然涌动，不是他负了朝廷，而是朝廷不明他之心，所有的成绩只凭别人的三言两语就可以轻易抹掉，这是怎样的痛楚呢？

无法反省，是会伤己伤人；可反省之后，竟非是他之问题，而是天时不寄，那才是刻骨铭心的悲凉。回忆之中是有伤痛的，但是亦要看到未来，能够把如此英雄，弄到心伤若死，甚至亦有退隐之心，可知当时的朝局之黑暗。

辛弃疾感觉得出冬天的分外寒冷，他的怨是在其内，但他也能自我调节，在上饶这块地方，他想有一个新的家，可以避开纷扰人事的安宁所在。

第四章

飒飒风雨几度秋

带湖风光　隐志藏心

《沁园春·带湖新居将成》

三径初成，鹤怨猿惊，稼轩未来。甚云山自许，平生意气；衣冠人笑，抵死尘埃。意倦须还，身闲贵早，岂为莼羹鲈脍哉。秋江上，看惊弦雁避，骇浪船回。

东冈更葺茅斋。好都把轩窗临水开。要小舟行钓，先应种柳；疏篱护竹，莫碍观梅。秋菊堪餐，春兰可佩，留待先生手自栽。沉吟久，怕君恩未许，此意徘徊。

早在1181年的春天，辛弃疾就开始建造一所新居，这处宅子的地点就在带湖旁。带湖也就是信州府城北灵山脚下的一湾狭长湖泊。

辛弃疾是第二次来江西任职，作为一个年少时期就对军事地理特别关注的人，他每到一处，对其山川地貌都是格外用心的。江西上饶是他很熟悉的地方，看好带湖这个地方建宅，本是为了让他自己晚年有个休憩之所。

辛弃疾的新宅位于湖畔，湖水清澈，湖滨有旷土一片。举目即可遥观灵山之美景，他就将这一块地买了下来，还给这个无名的湖泊取名带湖。这座新宅是他亲自建造的。辛弃疾根据带湖四周的地形地势，亲自设计了"高处建舍，低处辟田"的庄园格局。他自己绘成图样，限在一定时间内完成，在较高的地方建造房屋，把低下的地方辟为稻田，花径竹扉，池塘茅草，一共有好几十间房子。据学者考证，他建宅设计多重自然之美，能够将建筑与景物相交融。对古代的园林建筑工艺，辛弃疾也很有研究，这些也融入到他的词作之中，他的带湖庭院里多栽有傲雪之寒梅，有五柳先生的翠柳，整个居室环境非常的文雅。后期，他乐于帮朋友们建筑住宅，据陆游《剑南诗稿》卷六十一《草堂》自注："辛幼安每欲为筑舍，予辞之，遂止。"

退隐林泉，是很多名臣的想法，如张良，如孔明。辛弃疾也有这样的想法，希望功成之日，可以退隐田园。值得注意的是辛弃疾并不是一开始就打算在这里隐居的，他才四十二岁，正是年富力强之时，岂会有这样的想法呢？但他用心建筑这处带湖之宅的时候，万不会想到，宅子修好的当年他就会被朝廷罢官。

他以"稼轩"为号，就是想说出他志不在名利权位，而是想功成后激流勇退。

"三径"让人想到陶渊明《归去来辞》里的："三径就荒，松菊犹存。"陶渊明是辛弃疾所敬慕的对象，他是历代士人所向往的隐士的形象。人总得有点依寄，当处处不如意，事事都伤情的时候，能够找到一处芳华，让你能够安稳下来，仕则展志，退则保心，这是一味清节自许、补情遗憾的良方。

而那句"鹤怨猿惊"化用孔稚珪《北山移文》："蕙帐空兮夜鹤怨，山人去兮晓猿惊。"他曾经一时激愤，平生之愿本是功成身退，并非眷恋官场，被士人所笑，在滚滚尘埃之间行走。古代诗词讲究微而远，婉而讽，辛弃疾就是含而不露地表达出他在宦海之中的不得志，一个英雄厌倦了宦海沉浮，若想早点享受清闲的岁月，不如趁着闲暇之日早早退隐，这又不是像西晋张季鹰那般仅是为了享受那莼羹鲈脍的美味，但他又是一种表露自己，剖心以证绝非是为名利而谋官之人，而是如孔明一般的隐居之志，清风双手，肩挑明月，只把道义来行，只为生民而立，功成之日即是激流勇退之时。

南宋以来党争激烈，与金国是和是战，有时并不是由局势而决定的，而是由各种集团之间的利益搏弈决定的，这种宦海的险恶让辛弃疾的抱负难以实现。他不由得在词中叹道："秋江上，看惊弦雁避，骇浪船回"，官场不是看你有才华就能出头，也不看你是不是有机缘见到皇帝，你需要天时、地利、人和，你的主张还要符合皇帝的心思，你的性情还得入得人家的眼睛，种种因素把明明有经天纬地之才的辛弃疾弄得心灰意懒，只愿归隐林泉。

很多人觉得一位英雄就不应该抱怨，可是一位英雄却是有着最深苦楚的人，懂他的人太少，而他能够想做的事情没有人支持又是不行的，他会抱怨，实在是可以理解的。

接着，他对带湖这所新宅满怀希冀，他兴奋地形容说："东冈更葺茅斋。好都把、轩窗临水开。要小舟行钓，先应种柳；疏篱护竹，莫碍观梅。秋菊堪餐，春兰可佩，留待先生手自栽。"这么好的地方，有如仙境，辛弃疾也着实有隐居之念，只是担忧皇帝不批准："沉吟久，怕君恩未许，此意徘徊"。

四十二岁的他已经南下二十年了，无论朝廷如何不理会他的抗金之策；无论朝廷如何将他大材小用，派他到各个地方担任微末之职，他都尽心竭力，鞠躬尽瘁把每一件事做到极致。他的心愿就是驱除鞑虏，还我河山，为了抗金之业，他可以不要所有的名利地位，甚至性命，可是却总有一帮小人想算计他，把他的宏伟抱负一再变成画饼。南宋从上到下的苟安一隅，不管那些沦陷区人民的苦难，这点辛弃疾是看在眼中的。他写这首词时，或许他已感觉到了秋风瑟瑟，可能又会被人所害，方有隐居之念。

他不想再成为被人利用的枪，去当灭火队员，成为哪里有坑哪里搬的砖头。若为抗金大战，这一切他都能忍受，可是小人当道，朝政不修，一次又一次刺伤这位英雄的心，他在仕与隐之间徘徊。

他开始在带湖所建的宅子中隐身藏志了。辛弃疾"一旦独得之，既筑室百楹，才占地十四。乃荒左偏以立圃，稻田泱泱，居然衍十弓。意他日释位得归，必躬耕于是，故凭高作屋下临之，是为稼轩"。他的词篇即云思归之意："意倦须还，身闲贵早"，这岂是为家乡的佳肴美味！

据有人认为"意倦"、"身闲"似是说他决无留恋了。其实，这只不过是一个引子，最关键的是这句话的真意："秋江上，看惊弦雁避，骇浪船回。"喻遭人排挤，如秋江鸿雁，应避弓弦；惊涛骇浪，应急拨转船头。这年冬十一月，他改除两浙西路提点刑狱公事。

《介存斋论词杂著》指出："北宋词多就景抒情，……至稼轩、白石一变而为即事叙景。"纵观辛弃疾的诗词即事叙景在辛词中确不少见，它不同于以情为中心的就景抒情，而是以叙事为主体，抒情如血脉流贯其中，以写景作为叙事的烘染或铺垫，如本词下片那一大段关于著茅斋、开轩窗、种柳、观梅、餐秋菊、佩春兰等事项的设想安排，都可看出艺术手法与北宋词人之不同处。

辛弃疾真的能够弃世退隐吗？他真的能够放弃抗金大业吗？不能！

一腔忠义，报国之情是深入辛弃疾的骨髓之中的，可是从他放下那柄长剑，来到南宋开始，他就只能手握狼毫来抗争。他是一个战士，是一个在疆场上杀过敌，刀尖上舔过血的战士，可是眼睁睁看着山河破碎，满目疮痍，却让他在各个地方迁移流转，当一些地方官，这是什么滋味？

即使是芝麻大的小官，即使是在弹丸之地，苦寒之处，他也要把浑身的力气拿出来用，务实政，利民生，时时要谏诤，时时要做事，他就是骨子里不能清闲的，不能放弃原则的人。然则，世事如局，命运不公，皇帝对他的态度是那样的模棱两可，有地方上的急务时，想起来用用，没有就把他放在一旁，偏就是投闲置散，一代英雄就被这样的一个无形的牢笼给控制住。

任你有缚虎之力，任你有擎天之志，你都没有法子逃离。辛弃疾是有儒家情结的，忠烈之心，怀有为生民立业、为百姓尽责的一副肝胆。谁会在每首词里都抒发这样的情怀呢？宋代的文人那么优厚的待遇，从来都是在轻歌曼舞之中，浅酌低唱，词是他们生活的小点缀，谁想把生活里的小滋味都变成了严肃之面目？

然，辛弃疾就是如此，纵笔一来，不由自主皆是生民疾苦，随处点心皆是忧国之情，他的闲适之词亦不输柳永、姜白石，然总有那种英豪之气，这辛弃疾是怎么写的？不是用笔，是用剑，用他那可仰天寒光杀贼子的长剑。剑如林，气冲斗牛，可是将这么一个豪杰放逐到那清闲之地，他只能无奈起田园之思，饮下苦酒一杯，这是他的悲剧。

一个人想成事业，总会有所凭借，豪气肝胆，才华过人是他的助力，更为让人敬服的是他那种至死不回头的信念。很多人都会因为一些事情十有九难圆，因为坎坷沦落下流，特别是曾经相信的人，相信的事情变得那般的复杂，那般的利益盘结，而伤到至极，就是信念崩塌。辛弃疾的坚毅就是绝不言败，绝不言退，你说他是倔强也好，你说他是傻气也罢，他就是要做这样的人。

即使他已经明白所谓的"君恩重，且教种芙蓉！"，即使他已然第二次创立军队之后，再被拉下马来，被罢官闲置，即使他已看到了那些官场里的蝇营狗苟，可是他仍旧未放弃报国之事业，他的志向始终未变。然，他还是被罢官，来到带湖之滨隐居。

带湖是一方可以养心的所在，青山绿水，静美华馥，任你有别样情肠终会在此观书修竹，问云赏花，放倒那千般醉，懒理凡尘悲。辛弃疾也不禁在《水调歌头》中赞美："带湖吾甚爱，千丈翠奁开。"一位雄心傲骨的志士，一位饱有救国之策，空无所济的国家良佐，就这样在这方小宅之中，"一日走千回"，他口中的"无事"，含着那淡淡的愁思，凡以家国无置处，万里云霞过眼哀。只有那飞远有心的鸥鹭，霜风苦雨之心境暗把情音传送，"凡我同盟鸥鹭，今日既盟之后，来往莫相猜。白鹤在何处，尝试与谐来。"人与境合，总从字墨之间渗出了一种孤独之感。

残碎的青萍，排成的翠藻，站立在苍苔之上的人，何者能明白他的这种痴心？残景对伤心，心淡更有情，爱的是带湖的景，明月清风那个夜晚，谁又能解人世几欢哀。他终还是把心留在世间的情事之内，"东岸绿荫少，杨柳更须栽"。

湖湘之美滋养了无数学子，历史悠久的传统，可惜那时的南宋求学者多，为实政者少。辛弃疾是上过战场的英雄，像他这样能够挺枪厮杀疆场的人本应是军事力量不充足的南宋最需要的人才，为什么这么一位英雄就偏被弃用呢？

辛弃疾不明白小朝廷是绝对不想去尽国力与金国拼杀的。凡在南方之地，从东晋以来，就有某种富贵温柔乡的舒适感，想让那些饱食终日，不思作为的懒政之官奋发图强，实在是太难了。而最关键的还在于皇帝有没有这样的决心，越王勾践是浙江人，是南方的人，他也曾势弱于吴，可这位首领十年生聚，十年教训，真正是想复国图强的，于是才会有"三千越甲可吞吴"的成就。可是辛弃疾却没有遇到这样的明主，宋孝宗本是有心抗金之人，可惜他的眼光还不够准确，仅以辛弃疾的言辞态度过于耿直激进，就不喜用其策，这样的人主自然是不堪为雄主，又岂能有所作为？

从辛弃疾的词作之中，可见凡他有所为之时，例如平了作乱的茶商，建立了飞虎军，整治了滁州的吏治，定有一群看不过眼的妒嫉贤能之辈跑出来指手画脚，说三道四。他们向皇帝吹风，鼓动朝臣，攻击辛弃疾。

那些对辛弃疾不看好的臣子，他们是如何中伤辛弃疾的呢？

《宋会要》一百零一册《职官门·黜降官》第八："淳熙八年十二月二日，右文殿修撰新任两浙西路提点刑狱公事辛弃疾落职罢新任。以弃疾奸贪凶暴，帅湖南日虐害田里，至是言者论列，故有是命。"《宋史》卷四百零一《辛弃疾传》："台臣王蔺劾其用钱如泥沙，杀人如草芥。"带湖新居始建于春初，冬季落成。作者在写作此词时，似已有所觉察，故选择了急流勇退之途。

有情者方是大英雄，方有创举；带兵，又是要有规则，可是偏偏这世道不讲情义与规则。辛弃疾在词中透露出他也需要有个给予他安全感的地方。这是他积累了多少年的苦闷，作为文学家和军事家，他比旁人更加敏感。

正所谓"木秀于林，风必摧之；行高于众，众必毁之"，辛弃疾的一腔报国之情，一生为国做事，就把这起小人比下去了。他们就要找出辛弃疾的短处来，辛弃疾建的带湖之宅也成为他们弹劾辛弃疾的说辞。

他们指责辛弃疾的钱财来路不正，是从创立飞虎军等等项目里贪墨而来的。历史上就是有不少人喜欢抹黑民族英雄，从来不缺这种媚金而自毁长城的人，他们可以无所作为，却还要把事情变个样子来对付你。古今苦恨之冤，莫过于此。

其实，从南宋的文臣收入来说，还是比较丰厚的，辛弃疾能够建宅子是有俸禄供给的，带湖之宅的规模的确不小，但是南宋文人们的生活根本没有像杜甫那样"朝扣富儿门，暮随肥马尘。残杯与冷炙，到处潜悲辛"，他们为官的时候，有优渥的待遇，暂时辞职或致仕，也仍可悠游林下，坐享天年。从辛弃疾的词作之中，又哪里有豪华奢侈的味道？

南宋的大理学家朱熹来到过辛弃疾的宅子，将其评为"耳目所未睹"。其实，朱熹是指对宅子的隐居气象而言，而不是豪华格局。南宋真正豪奢的宅园是那些枢密院执事之权臣，秦桧的宅子那是真正的豪富，就是随行皇帝出巡的时候，沿路建的临时住所，也是极尽夸张之能事。

再者，虽然辛弃疾后来所任的都是地方上的小官，但宋代的官员薪水还是很高的。据邓广铭先生分析，"稼轩别墅"并不算特别豪华，仅是一带的田地，加其后的宅子，不存在贪墨之事。

更重要的是如果辛弃疾是个贪酷之人，那他当初何不就在金国谋事？他可是本有资格应试，后来虽参加过两次，主要是为了查清敌情，而主动放弃，这不是太奇怪了吗？

辛弃疾初到南宋之时，的确是诸业未能停当，但以他的能力建立飞虎军，建立商用之居所都是有谋的，不伤民力，不动官财，而能调动各种资源来充实用度，显然他有运谋的头脑，但绝对不会从百姓身上贪墨钱财。以私为重则难成公心，凡人看不入眼则举动得咎，辛弃疾所有被人诟病之处，正是因为他的性格太不够圆滑，他的行事不能与那些庸俗之人为伍，方会有这样的事情发生。

辛弃疾对周遭的恶意看得很明白，他的确是出身金国沦陷之地，又曾举起义旗，也加入过民间的起义军组织，的确是一位"归正人"，这些全部都是他前进之路的阻碍，可是他做事勤奋踏实，桩桩件件都是可圈可点的。可是凡你有所为，就必被诟毁，就是看其一点，不及其余，就是如此不公。

辛弃疾在一首《戒酒》之词中说："怨无大小，生于所爱；物无美恶，过则成灾。"他的较真做事，一力抗金就必然会得罪那些既得利益者，而这些怨恨都是因为他太爱这个国家，太希望为百姓做事。凡能成为历史上良臣者皆有此经历，辛弃疾却是极让人悲叹的一位。明明是可以成功的计划，完全是可以成功抗金的机遇，皆被这些无知之辈一一给毁灭，国之蛀虫，当在萧墙之内。

辛弃疾曾经在一首《丑奴儿》的词作之中，将这一番苦水吐出："近来愁似天来大，谁解相怜？谁解相怜？又把愁来做个天。都将今古无穷事，放在愁边。放在愁边，却自移家向酒泉。"

我们来数数这是多少个"愁"字，整整四个"愁"字！他是刀剑上走过的人，在金军的寒气逼人的武器面前，他没有皱过一下眉头；在金军的严密监管之地，他没有一个"怯"字；在金军已然破灭了他的军队，他把那些部将都拉拢成自家人马的时候，他能够单骑渡江，取上将之首级，再将拉起的队伍带回来，他没有起过一次"异心"；当金军伤了他的身体，血流如注之时，他没有流过一滴眼泪；可是，当他回到南宋之时，当他千难万险来到自己的家园之时，他竟连写了这么多"愁"字，这"愁"竟比天还大，他需要别人的怜惜，只能说三个字"太痛了"！

伤心，愁苦，失路无据的他只能借酒来浇愁，这酒不会解愁，烦扰是无休无止的，苦来酒至，悲来心伤。不论带湖的风景多美，在他的眼中也不过是残垣断壁，落日蒙尘，纵然一时喜乐，有那份赏得"带湖买得新风月"的情思，也会变成离人泪的悲心。

人生有多少次聚散，离合会比这种冤苦的滋味更能伤人之心，这是多大的不解，多深的怨情，"拍遍栏杆"愁未休。

我时常在想，为什么越是正直的人，偏偏就越会被欺辱呢？忠过则成非，君子都有对立面，凡不能调和的矛盾，必然是有他执着之所在，刚则易折，硬则易断。辛弃疾越是剖白他的忠心，越是想把事情办得好，得罪的人也就越多，不相信他的人也就越多，因为他们只讲利益，并不看辛弃疾到底是不是真的为国家做事。

他们用尽了心思去挑拨是非，他们希望把辛弃疾在皇帝的眼中抹黑成一个想结党营私，训练军队意图不轨的人。他们希望让皇帝看到辛弃疾是一个不能够堪当大任的废物，甚至他们更希望辛弃疾倒下，变成一个只会饮酒的诗疯子，变成一个再不问国事之人。

辛弃疾没有按着他们的思路走，他是按着自己内心的原则走下去的人，这一生他是成功的，因为他活出了自己想要的样子。我们很多人都不曾如此坚定，往往会变成自己讨厌的样子，甚至成为那些下绊子的人所想的那样，所以英雄千古少有，而真正的英雄的确是在已经看透了人生的真相之后，仍然能够坚持着按着内心的准则完成使命的人。

这些人才会是中国人的脊梁，也会是历史上的那座高山。

辛弃疾是中国历史上唯一的一位从军旅生涯起步，真正上过战场，最终却成了著名词人的人。即使大唐那些边塞诗人，也不过是想象着战场如何残酷，就算是岑参、宋代的范仲淹等人曾经随军出塞，也不曾真正在疆场上与敌人厮杀，而辛弃疾却干过这样的事，他不仅真的上战场杀敌，还能组建起军队。他是真的能够舍了全副肝胆来拼死一战的勇士，他的诗里是滚烫的热血，是激昂的军魂。这是谁也比不了的。

一代词宗　陶写性情

写诗并不是任何人都能够做的，学诗词者众，而成诗人者少。诗人所拼的是全部的感情和思想，有大胸怀、大情怀的人才能够创作出好诗。正如清代沈德潜所论："有第一等襟抱，有第一等学识，斯有第一等真诗"，写诗之难正在于此。辛弃疾就是这样的雄才伟略，千古烛照，词中的字字泣血，片片锥心，在天地奔流的壮气豪情都在这里挥洒出来。擂鼓助威，旌旗招展，豪气奔流，这就是他的巨作。

很多人学写诗，学写词，可真正写出来的能有几人，粉饰忸怩如小丑状有之；虚词漫语故作学究状有之；枉心屈意，乱作一气者有之。好作品非关学也，是关乎才情，更关乎志趣。诗可以包容不同的情感，德行欠缺之人亦有好诗，但是，他的好诗必然是出于真心，是一种真实的存在。真实自然就会有美感。但是真正要达到诗境之至极者，能够引领一代之诗风者则必然是辛弃疾这样的旷古之情怀，有绝高之德行，有坚韧之志向的伟才。

为什么中国诗词的魅力如此之大？因为中国有这样的英雄之魂，有这样的一批真正把国事，把百姓放在心中的人，有这样一批真情真意的人。这样的人的诗词必好，必能成为一派之宗。

很多人说历史会埋没平凡的人，只会写那些英雄的丰碑，其实，如果我们按辛弃疾所居之官职来看，他可能还不够登到史册如此高的地位。而从他的偏执于事功的态度来看，他也不是世俗意义上的聪明人。

然，就是这么一位将青丝染雪，报国无门的辛弃疾，他的词作却是在整个南宋时期流传下来最多的，因底蕴丰厚，方能传唱千古。

当别人将写词当作歌伎酌酒之料，管弦轻拨的游戏之时，他已经将宋词变调变格独成一体，形成了一代词风的新引领者。辛弃疾没有欧阳修那种盟坛宗主的地位，也不会有苏轼那样的风度翩翩，理念博弘的声望，更不会有如柳永般为市民阶层所喜闻乐见的词风，他是一把搭上了箭的弓，是英雄的冤苦酿成的酒，是气势如天的倾诉，是披肝沥胆的生命见证，是那个时期的中国大地最应该奏响的音符，于是，他得到了最广泛的支持，哪怕当时他处处不及人，而在后世却可谓是一代词宗。在中国的诗歌史上能够崛起成就一家之词者必然是这样的人，而非仅以师门攀附来行文机变的巧诈之士。

周济在《四家词选序论》中云："稼轩不平之鸣，随处辄发，有英雄语，无学问语，故往往锋颖太露。然其才情富，思力果锐，南北两朝，实无其匹，无怪流传其广且久也。"

辛弃疾就如一明镜，让世人可于其词作中尽观其肝胆，他是激进的，是勇敢的。不平则鸣，本是事物的定理，也是文章之所以成就的关键。可真正能够以诗词为剑，去不平则鸣的人，是屈指可数的。凡是能将良才，或是才情不至或是有所顾虑，很难真正把满腹心事，和盘托出。辛弃疾的奏议也是直击弊端，行事却张弛有度，他的直与屈，隐与仕都是有智慧的，更是有风骨的。

《文心雕龙》讲中国人之风骨，绝非艺术本体论，而是真正从古而今的诗风传承要素里最关键的一环。人之所以能独立于世，在于有风骨，有气节，凡事有定见，而不为物欲所迷，不为利益左右，这一点是非常难的。

辛弃疾的词作就有着这种陶渊明式的不为五斗米折腰的风骨，他只屈从于他的志向，而非朝廷的官位。他的带湖居处最重要的是稻田，共不过十弓之地。

他的本意是"他日释位得归，必躬耕于是，故凭高作屋下临之，是为稼轩。而命田边立亭曰植杖，若将真秉耒耜之为者。"

辛弃疾的老家是山东济南，那里是华北平原所在。他认为："北方之人，养生之具不求于人，是以无甚富甚贫之家。南方多末作以病农，而兼并之患兴，贫富斯不侔矣。"据史家认为，辛弃疾感觉到南方的农民多半不再种地，而是改去经商，而北方的人仍然是以田地劳作为主要营生，他对南方农民的这种生活方式不太认可。然，从他的原句中也可以分析出他是不希望出现土地兼并之事的，有此事则贫富差距就加大了。他认为农民的生产方式是应该是自给自足的小农经济，纵有所需也可供给及时，而就不会有更多豪商劣绅去打农民土地的主意，就当时之环境而言，他的观念是非常到位的。

他认为："人生在勤，当以力田为先"，这一块稻田就是他的理念的体现，他也很向往将来的生活，取号为"稼轩居士"。但是，谁能想到这新宅刚刚建好，当年农历十一月，由于受弹劾，官职就被罢，辛弃疾只好回到上饶，开始了他中年以后的闲居生活。

辛弃疾对于金国有着那么多年的了解，积累了丰富的对敌作战经验，而他在地方上所做的事功成效也是非常显著的。他是什么样的人，他可以做成怎样的事业，他周边的人是能够觉察的，并不是所有士大夫都是针对辛弃疾，有一些主战派的人是非常赞同辛弃疾的想法的。

周密《浩然斋意抄》指出辛弃疾在三十三岁时即预言金朝"六十年必亡，虏亡则中国之忧方大"，刘宰《贺辛等制弃疾知镇江》赞美，辛弃疾为"隆中诸葛"。他们觉得辛弃疾就是南宋的周瑜、谢安，就是一位能够让宋金形势发生逆转的人，是能够收复失地，以雪奇耻难得的天赐将才。

然而，辛弃疾刚刚来到南宋仅被任命为一个小小的江阴签判，后来官职虽逐步升迁，但从来没有接近过权力中枢，这二十年来，都是在地方上做事，而且频繁调任，从29岁到42岁，13年间竟然调换过14任官职。

朝廷让辛弃疾在那么多的地方事务上干活，好不容易将他提拔为湖南的一方大吏，辛弃疾也努力用事，还创建了飞虎队。他的报国之心和业绩是应该得到朝廷嘉赏的，可他万万没有想到的是朝廷的命令居然是把他一下打到底儿，将所有的官职都免了，这几乎是一个致命打击。"功名浑是错，更莫思量着"，他的《菩萨蛮》本是在新宅初成之时所写，寻说隐居之情，却不想竟一语成谶。

辛弃疾虽然表面上是说可学庄子，学陶渊明"岁晚渊明归来未？"，可是他的内心有着滚滚愤怒之情的。

他这些年的辛苦痛楚都融入了词作之中，他的《水调歌头》云："寄我五云字，恰向酒边来。东风过尽归雁，不见客星回。闻道琐窗风月，更著诗翁杖屦，合作雪堂猜。岁旱莫留客，霖雨要渠来。短檠灯，长剑铗，欲生苔。雕弓挂无用，照影落清杯。多病关心药，小摘亲鉏菜甲，老子正须哀。夜雨北窗竹，更倩野人栽。"

他又用了很多典故，其中最能看到他吐露情愫的地方是"短檠灯，长剑铗，欲生苔。雕弓挂无用，照影落清杯"，长剑铗，只能借《战国策》中齐人冯谖为孟尝君门客，不受重视。他借用冯三弹其铗而歌的典故来写心中的落寞。他用典还有双关之意，"雕弓挂无用，照影寻落清杯"，他以这杯弓蛇影的典故写出他忠而见疑的不平之气。

似乎可以看到那饮酒的男子立在窗前月下的凄凉身影，他的宝剑已无寒影清光，他的弓弦也已然落尘，男儿有泪不轻弹，只因未到伤心处。辛弃疾心里的哀伤是透过纸背的，偏偏有人还说他是掉书袋。辛弃疾的熟典运用都是关乎他真实的心情，而不是炫才耀技，所以才能浑然无斧凿之痕，而豁然有古今同悲之叹。

此时的辛弃疾也有家室，也能够有比较好的生活，明明可以安逸地生活，可是他却不敢甘心如此沉沦，在他的心中那个理想始终没有远去。他决心以新的方式来延续所有的情感，那就是要以诗词为"陶写之具"，他在《鹧鸪天》词中明确宣称："人无同处面如心。不妨旧事从头记，要写行藏入笑林。"他要以文而立业，让他后世之人皆知他的悲愤莫名，知他的情怀与志向。

他的又一首《水调歌头》里那种愤怒之情已然喷涌而出："白日射金阙，虎豹九关开。见君谏疏频上，谈笑挽天回。千古忠肝义胆，万里蛮烟瘴雨，往事莫惊猜。政恐不免耳，消息日边来。笑吾庐，门掩草，径封苔。未应两手无用，要把蟹螯杯。说剑论诗余事，醉舞狂歌欲倒，老子颇堪哀。白发宁有种？——醒时栽！"

辛弃疾这首词亦是赠答友人之作，当时有曾任司谏的汤朝美自广东新州贬所移江西信州，他与辛弃疾相见。这位汤朝美也是一位抗金的骨干，据《稼轩词编年笺注》引《京口耆旧传·汤邦彦传》："时孝宗锐意远略，邦彦自负功名，议论英发，上心倾向之，除秘书丞，起居舍人，兼中书舍人，擢左司谏兼侍读。论事风生，权幸侧目。上手书以赐，称其'以身许国，志若金石，协济大计，始终不移'。及他圣意所疑，辄以诹问。"虽说当时宋孝宗还有些进取之意，但他却宁可信任有文才的舌辩之士，而不愿信任辛弃疾。他对汤邦彦，也就是汤朝美曾经一度很认可，有事情就询问于他，并且在淳熙二年八月派汤朝美使金，向金讨还河南北宋诸帝陵寝所在之地。

北宋之皇陵都是在金人控制下的沦陷区内，这皇陵是相当悲催的，为什么呢？本来河南皇陵的这一块地方是由金国培养的傀儡政权刘豫所代管的，结果这家伙不仅坑害民众，连皇帝的陵墓也不放过，他竟然派兵盗挖皇陵，再加上金人的反复侵害，皇陵已然是七零八落，惨不忍睹。

当年宋高宗赵构就曾派国戚及大臣去拜谒皇陵，因为当时按照和议，这是归还给南宋的，是南宋可以派官员来管理的，可是赵构本来是一直不敢派人去，没有当回事，也是怕金国翻脸，结果在众多主战大臣的强烈要求下，他才派大臣去了。回来之后，这两位大臣的反应是，一个愤怒呼惨，一个流泪痛哭，这就可知皇陵都被搞成什么样子了。宋孝宗仅仅派这么一个文臣汤朝美，就去索要皇陵这么一块重要地方，可知他是多么不明。汤朝美有辱使命，回来后宋孝宗龙颜大怒，把他流贬新州，尝尽"蛮烟瘴雨"滋味。

汤朝美来到信州，与辛弃疾这么一见面，这两个人同样受到打击，且都是主张抗金之人，他们就有了诗词唱和之事，辛弃疾赋《水调歌头》，汤朝美以韵相和；辛弃疾又用原韵，赋此词谢答。

词的上片主要是写给汤朝美的，赞美他的经历，安慰他必有回天之时。"白日射金阙，虎豹九关开。"这是富丽堂皇的皇宫，汤朝美在这里"谏疏频上，谈笑挽天回"，写出友人的当年从容不惧，主张抗金的意态风度。他称赞汤朝美是有着"千古忠肝义胆"之人，没想到却被放逐到"万里蛮烟瘴雨"，这里饱含着他对汤朝美的经历的同情之心。其实，他本人又何尝不是如此？辛弃疾总是以鼓励的姿态对这些同样期待有所作为的志士，他虽然内心满怀愁怨，可是却对友人说着："往事莫惊猜。政恐不免耳，消息日边来。"他告诉汤朝美，不要惊疑，不要乱猜忌，朝廷上过去的事就不要再提。眼前的你不是已经奉诏内调了？恐怕还会有消息传来。

"日边来"就是消息会从皇帝左右而来，左右总有风声。辛弃疾真的是非常善良的人，借用一句话说，他对敌人如秋风扫落叶一般残忍，对自己人却如春风拂柳般温柔和善，他就是一个爱憎分明的人。

纵观这上片之词，大起大落，本是皇庭之中的荣宠之人，忽然转到"万里蛮烟瘴雨"，从写事到写景，忽然又转到议论，一个"恐"字，又显着很谨慎地表现出皇帝可能发的讯息，非常跳跃，过渡几层意思，转了几种情感，却浑然一体，让人觉得很自然，这是辛弃疾的写词技巧相当的纯熟，变化很错综。

辛弃疾劝过朋友后，又将自己的处境加以对比，看上去似乎仍在劝慰朋友，其实是他一吐心中块垒。"笑吾庐，门掩草，径封苔。未应两手无用，要把蟹螯杯。说剑论诗余事，醉舞狂歌欲倒，老子颇堪哀。白发宁有种？——醒时栽。"他起笔就一个"笑"字，"门掩草，径封苔"，这是已然很久没有人到来，没有什么起复的消息，心中的不平与无奈都在这一"笑"之中写了出来。

"未应两手无用，要把蟹螯杯"，对应上片的皇宫与"谏疏频上""谈笑回天"的情态正好是一副对子，通过比较可看到辛弃疾内心的挣扎与无奈。他的意思是未必他这双手就没有用处，不是可以"一手持蟹螯，一手持酒杯"吗？但是正如前人所论，当国事蜩螗之际，他那双屠鲸割虎的巨手，不能用来扭转乾坤，却去执杯持蟹，这是人间何等不平事！

"说剑论诗余事，醉舞狂歌欲倒，老子颇堪哀。白发宁有种？——醒时栽"，他当年的"拥万夫"疆场厮杀，起兵时的英气勃发，他写了《美芹十论》和《九议》，上疏给皇帝，都是守土护疆，对敌作战的精要之略，此时，竟然成了"余事"，这两个字竟然是辛弃疾的半生苦楚。

两只本可以搏击敌人的手，居然只能执着酒杯，所有的往事都已成为最痛的记忆。他自嘲就像那醉舞的冯谖，只能以歌舞、饮酒来麻痹自己。这又与上文的汤朝美的"莫惊猜""日边消息来"相反，辛弃疾已然感觉到了一种无奈孤单与绝望，这是怎样的痛楚会让那么刚硬的人，竟然如此哀伤？

报国之回忆里最值得骄傲的事，如今都成了"余事"，他也渐渐变成了满头白发的老者，这些白发不是长出来的，而是——栽出来的！是一件件的不公道的愁事，将他的白发逼出来的。他的词作里对比的特征非常明显，他在词上片是温和婉转，多有曲折，有跳跃性的感情触点，将事件的讲述完美融入他的意象之中，结构很奇特。而词的下片却再难以承受心中的巨痛，辛弃疾就是想一口气将心中的愁肠全吐出来，这种情势之下，是不可能有什么婉转的方式的。

人家可以"谈笑挽回天"，而他只能把蟹持杯，他还曾在另一首《水调歌头》里直接写出："左持蟹，右持杯，买山自种云树。"别人有得上朝堂的希望，而辛弃疾已然满头白发，终日醉舞狂歌为消磨，这是多么的悲苦与无奈。当所有的希望都成了泡影，只有一根根的白发是被这种不公正的世道栽下之后，可以想见跌落谷底的辛弃疾的悲情。他刚刚以自己的努力，成为方面大吏，有机会进入士大夫阶层，就被甩了出来，岂能不怨恨？

南宋之时，虽然文人的地位较高，但是也有文网控制的，已经被罢官的人不应议论朝事，否则会有杀头的危险。赵构就办过几个文字狱，这就是皇帝的心机。辛弃疾不敢直接表达出不平之意，但必须要有一个比较巧妙的方式来写出来，他不能因为自己的遭遇来让别人也感受到不平而不再进取。他喜欢鼓励人，让更多的人能够出头为国家而争取，而奋斗。可是他明明心中就有着好大的一道伤痕，一直在流血，词作之中的矛盾皆是出于此。

凡仁人志士皆有鼓舞同道之心，但这必须是一条战线的人，而不是来刺探的小人，要有力挽狂澜的决心。汤朝美是一个"议论英发"，"以身许国"的人，辛弃疾是坦荡的人，他自然要倾心以吐。即使他已然被打沉到底，也要不负使命，不断向前走，忠贞之心在整个词作之中总是会表现出来。

很多人不相信古人之志气毅力，总以为黑暗之时便没有不趋流之人，凡英雄也总有不足，有缺点。我只想说，的确，人无完人，但是，作为历史上的创造伟迹的能人必有他绝俗的一面，他的优点在当时人眼中也可能就是缺点，拿着放大镜来看人是不会看到优点的。辛弃疾的一生也许也有过错误，比如他劝说耿京收了义端这个祸害，但他能够负责，把义端杀了报答耿京，这就是他成为英雄的一个重要的前提。有负责之心，有应敌之策，有择善固执的理念，这就是一个英雄，这也就是一个好人。谢章铤《赌棋山庄词话》之评辛苏词曰："读苏辛词，知词中有人，词中有品。"

辛弃疾在信州闲居之时，有很多同好之友，其中不少是调任到信州的，也有一些是家住在信州的饱学之士。辛弃疾经常与他们游历山水，倾吐怀抱，他满心仍是抗金之大业，这里的一山一水，一草一木，都能牵动起他的神经，他对于这样的大好山河却不知终将何属，心里满是忧虑。

他对那些沉醉在歌舞升平之中的南宋君臣，也很看不过，士风与学风皆一落千丈，他往往将这样的情绪吐露在给友人的词作之中。

《水龙吟·甲辰岁寿韩南涧尚书》

渡江天马南来，几人真是经纶手？长安父老，新亭风景，可怜依旧。夷甫诸人，神州沉陆，几曾回首！算平戎万里，功名本是，真儒事，公知否。

况有文章山斗，对桐阴、满庭清昼。当年堕地，而今试看，风云奔走。绿野风烟，平泉林木，东山歌酒。待他年整顿，乾坤事了，为先生寿。

这首词是他送给一位老故交韩元吉的。韩元吉，字无咎，号南涧，他是辛弃疾在建康就认识的朋友。这位老先生学问很好，对吏治也有见解，晚年就住在信州。辛弃疾在他生日之时就写了一首词给他。

"渡江天马南来，几人真是经纶手？"这是用东晋的渡江之事来借指康王赵构南渡，谁是国家筹理之人呢？朝廷之中少有才能之士来整理乾坤，收复旧家邦，使得朝政不修，日益腐败。他接着就以桓温问民的典故来指金人统治下的中原人民。

当初东晋之时，百姓还在水深火热之中，那些谈玄之士却弄寻些虚无的理论，全无筹略。辛弃疾再借用新亭之典故表述南渡后的主战士大夫们看那新亭风景就如当年的东晋某些有识士人，叹息风景不变，可山河有异。百姓们在沦陷区内日夜盼望王师北定，能够让他们回归到宋朝，可是偏偏朝廷不作为。

宋高宗本有数次好的机遇反攻金国，可是作为一名皇帝却是投降派，世人只见秦桧卖国，却不知宋高宗亦是卖国之人。他借着母亲韦太后，徽宗梓宫等事来做"孝"字牌的文章，流泪向众臣说得接受和议，等着要跪拜金国使节，很多大臣都气晕了，反复上谏书，最终他才取消了这种决定，由秦桧代向金使叩头。而宋孝宗是宋高宗之后，开始时还有一点点作为，本是想有进取之心，可惜打了败仗之后，就只想谋退路。辛弃疾对朝廷之中的那些臣子，议论争煌煌，而临机应变却百无一策的现象也痛加斥责。他借桓温对王夷甫的批评，来彻底愤骂主政的那些人,"夷甫诸人,神州沉陆,几曾回首"。

"算平戎万里,功名本是,真儒事,公知否。"他关心魏阙,心系黎民,绝不因为职小辈低就不起发奋之思,这句话瞬间就让人想起了《三国演义》里诸葛亮舌战群儒之时,斥责那些儒者,他认为这些人都不知儒者有大儒与小儒之分,临危不乱,遇事有法,忠心赤胆,保国安民即是大儒,否则笔下纵然千言,胸中实无一策,没有忠节之心的人就是小儒。如张子房之才干,乐毅之能力就是大儒。这就是辛弃疾所说的能够庙算平定那些金贼,才算是真儒家的事业,这才叫功名,功名不是名利的意思,而是一种真正的儒家的人文风骨,是儒者当行之事。

辛弃疾质问那些人是不是懂得如何做一个真儒家的事？明代的王阳明也将事功作为儒家的本业,曾平宁王造反之乱。儒家并非是当官的学问,而如何当官,当什么样的官,当官的根本目的在于保国安民,行王道治天下,内圣外王,这就是辛弃疾对儒家学说一种深入的理解。

接着,辛弃疾就要说些赞美韩南涧的祝寿的话,"况有文章山斗,对桐阴、满庭清昼。当年堕地,而今试看,风云奔走。绿野风烟,平泉林木,东山歌酒。待他年整顿,乾坤事了,为先生寿。"他先颂韩南涧有韩愈那般的名望,文才,的确是韩家是北宋望族。

辛弃疾称赞他现在这个年纪是可以做一番事业的,接着他以裴度、李德裕、谢安的闲适潇洒风度来喻韩南涧,但这三个人都是与战事相关的,有隐居以谋天下之太平之意,虽然辛弃疾以此来比拟韩南涧是有些过誉,而后结以"他年整顿乾坤事了"相共勉。这一下子将词意又回到了上片的爱国情怀之中。下片是为寿词,却如笔势一顿,又生姿彩,三个典故的连用,似板腐却又如同风景描绘,绝不相同,在最后一句上竟然又暗扣到主题之上,与上片形成了新的意脉关系。正是如沈祥龙《论词随笔》中所论,"前后贯串,神来气来,而中有山重水复,柳暗花明之致"。

大气，是辛弃疾的词作重要特点，指点江山，文字激昂而沉着。他平生以功业自许，以气节自负，议论纵横，直击朝廷之事的弊端，将借古喻今，把个南宋小朝廷的无能揭露得异常厉害。辛弃疾有豪情，但是字清句隽，曲折中有直率，风景里暗藏意脉，整个词作意态丰富，而结尾大包合，形成了一种前如利刃，后婉曲，结尾又震起的摇荡起伏之势。辛弃疾的词作音节也总是别有一番滋味。

这些特点在辛弃疾的很多词作中都可以看到，他是有着明确的创作要求的。北宋之时苏轼开辟的豪放词的传统，辛弃疾对此加以深化。他的精神世界要通过词来表现，"有心雄泰华，无意巧玲珑"，追求的是壮美。

他的词作里的雄豪之气和意象的飞动是与他本人的英雄气质相融合在一起的，有一种历史的崇高感。读辛弃疾的词往往会让人拍案而起，激动起来，好像不喝几杯酒就不能把情感释放出去。

辛弃疾的不平凡之处也正在于此，他是与读者来共鸣的。今天读苏东坡的《赤壁怀古》，仍然会感觉到这是一位文人的作品，可是读辛弃疾的作品仿佛就是在与一位军事家对话。可说能文能武，战场的经历对词作的影响实在是太大了。辛弃疾在这里有很多种形象，而所有的形象都有着同样的一种感人至深的情思，那就是爱国。

爱国不是空口号，而是在他的每一次行动之中的，这是儒家思想的体现。人活着当有所为，要做一些事情，无论在任何条件下都要有信心，有绝大的毅力去战胜这一切的不如意。即使你所信任的人不了解你，即使你忠而见妒，也不必伤心，仍然要满怀希望地去创造你的奇迹。

辛弃疾是以笔为枪的人，他的一篇词作能够在词人圈里传诵，正在于他的词作包含的精神力量是非常巨大的，是可以让人们做一些事情的。

《鹧鸪天·送人》

唱彻《阳关》泪未干，功名余事且加餐。浮天水送无穷树，带雨云埋一半山。今古恨，几千般，只应离合是悲欢？江头未是风波恶，别有人间行路难。

《阳关》即是《阳关曲》，又叫《渭城曲》，凡写到《阳关》就一定是送别的意思。唐代王维《送元二使安西》诗云："渭城朝雨浥轻尘，客舍青青柳色新。劝君更进一杯酒，西出阳关无故人。"多经翻唱，皆关离别。《阳关》三叠，又是王昭君的琵琶曲名，昭君之怨千古未休，亦是别情。

辛弃疾流离辗转于各处，一心抗金的大事没有半分影子，却尝遍了送别之苦，这首《鹧鸪天》亦是他送别友人的作品。辛弃疾不像别的词人那样，总是在送别之词里吹捧对方，说些欢乐的话语。送别本就是伤感的，他并不掩饰感情，唱尽了《阳关》乐曲，而那怀思的泪水未曾停止，借别情之作来浇己之块垒，这是辛弃疾词风特点。

他借用古诗十九首的句子："功名休复论，努力加餐饭"，他写成："功名余事且加餐"，《古诗十九首》总是在温厚意境之内诉说千古文人的绵绵情思，而辛弃疾却化用无痕，本就不想谋功名，只是想一心为国做事，却总是尝遍别离滋味。他只能劝慰自己说："功名余事"，一下子就点破了他对功名的看法，将离愁又增了几分。如此有境界，而不以功名为意的人得不到应有的机遇。

他看着那飘浮的水天一色之中不知多少树影影落落，带雨的云彩埋藏了一半的山。古诗创作中总是如水注阶下，一脉飞流，全是散句，忽然插入一律诗，可以起到顿挫之意。可是，辛弃疾却以虚实之景，律句忽现，把整个的词作变得摇曳多姿，收中有放，放中带收，把心中的的迷茫变成可知可感的形象，又添了一分愁态。

"今古恨，几千般，只应离合是悲欢？"词中忽然飞入一句议论，竟然是反问主题，辛弃疾的用笔神妙，竟到这般境地。他本想说的是这么多年的奔走辛酸，忽然深了一层，他要知道良臣有志之士，古往今来，除了离别之外，是不是也同他一样有过更多无奈？的确，凡是忠臣，只要想做些事的，没有顺顺利利的，都会遇到不小的坎坷。辛弃疾把这种对历史人生的深入思考放到了词中。

"江头未是风波恶，别有人间行路难。"这句话真的是直戳入人心，良臣与学者，文人与军事家的多重身份让他能了解太多的人生不容易。

很多时候，你的内心是有一种莫名的压力，也不知是谁在制约着你的发展。你的事业无法进展，爱人离开等等，所有的遗恨之事，所有的血泪情伤原因到底何在？这些都是在平平常常的日子里静静地堆积着，是为意志与欲望不能调和之矛盾，不是山崩地裂的丧失，而是一点点摧毁你的所有曾经的美好，让你变成自己讨厌的人。

人间行路不易，这是一种无可奈何之语，辛弃疾总有一种对事物的洞察力，是什么让他走得如此艰难，是人生的荒诞性。不羡功名，只是想求得活命，已然尽是千古遗恨，何况还在如此短暂而逼仄的人生里想做点什么呢？这已然是很难的事了。

辛弃疾的词作已然上升到了对人生无常的一种哲理性思考，把他的观点以议论的形式放在抒情的词作之中，他对宋词在创作技法和表达理念上都有了新的突破。

一个人只有在经历非常人所知痛苦，能够跳到世界限定的框架之外，再去审视这个世界中的自己，才能有新的体悟，新的思考。辛弃疾是做到了，仅仅是首送别词，他都能借机点出要旨："别有人间行路难"。

人生是个不轻松的行程，不会有人给你帮助，一切要靠你自己去走，不知哪里就会碰到壁，触了礁，前功尽弃。辛弃疾是一个有着江湖豪气的干吏，刚刚得知朝廷不以"归正人"为异议，让他有所作为，就接二连三地被某些在朝廷掌权之人妒忌，用各种手法让他连续辗转在地方上。一切都因为他本在南宋是没有根基背景的,他的老师蔡松年一直在金国,他的家族也都曾沦落在金国沦陷之地,他的同学也在金国为官,而在南宋朝堂上各派林立,都在占据山头,谁会想到皇帝会器重这么一个无根基的人呢?史致道也好,叶衡也罢,一个个都被排挤出去,主和的臣子仍然是非常强大的势力,何况一个小小的辛弃疾呢?

辛弃疾从弟的祖上也就是辛次膺,曾经数次上表给赵构弹劾秦桧在金国为妻兄谋权位,买卖官职,那也是文武全才之人,可后来一直被外放,再无出头之日。我创作的长篇历史武侠小说《朝天阙》里也提过辛次膺,他是满腔报国之情,可也不能如意。

有时候,我会想,为什么辛弃疾如此有江湖豪侠之气,却甘愿经历种种辗转折腾,而不能像他少年之时再整义兵,直击金国呢?这与他对朝廷的忠心有关,但更重要的是当时的朝局已然不再是绍兴初年那种大好的对抗金国的形势,必须要有所依凭,才能成事。这可能也就是辛弃疾为何总在词作中表示出时不我待,机不再来的悲伤之情原由之一吧。

白居易的《太行路》诗中云:"行路难,不在山,不在水,只在人情反覆间。"同样是如此的拷问世道人心,人情是最难拿捏的东西,《红楼梦》有诗云:"人情练达即文章。"这是最难的事,往往做事的人都不会做人,会做人的都不会做事,既会做事又会做人的又有几个?何况,这些会做事又会做人的人往往也最终会陷入到重重叠叠的人情洪流之中,而事功也不过是一朝之成,很快又会被摧残。

中国是一个人情社会,很多时候,想做点事就得花费大量的不必要的时间去交结往来,最终还未必如意。其实,如果你一门心思做好一件事,也就可以了,不需要事事都让别人赞美,有几个人会真心希望你好呢?

经历过一些事情之后,才会知道最重要的还是自己有实力,并不是完全要靠人际交往。后者只是当你强大之后的一个锦上添花的东西,有则可,没有也不算什么事,最终还是要以你的成果来说话的。

辛弃疾也体会到人情往来的幽微之处的残忍,细水长流之中的冷气逼人,是虚假的官场应酬之中的无奈。

有着词人热情、军人气质的辛弃疾并不太合适于这样的宦游,只将"功名当余事",一心想为国出力的他却不知没有了功名,连说句话的机会都没有。要想成为一代杰出之士,必须要有拼力谋事的能力和灵活应事的章法,这本是矛盾的事,却都少不得。

这是一种深入生活后的领悟,也是至极的悲哀。人心是深难辨的,放弃一点,都可能会影响一辈子。但辛弃疾不会放弃,在他的字典里就没有"服输"这两个字。

当时很多南宋朝廷的臣子只在诗词里吟风玩月,或是将离愁别恨当成个写作资料,并没有什么真情。这个国家的百姓遇到的苦难,对这些人来说是没有痛感的。辛弃疾的人间行路太难也是对这些人的讽刺,他们总是紧追潮头,又是最会巴结的,所以辛弃疾痛斥他们是非常有道理的。

在沉重的压力之下,就算是铁打的辛弃疾也会有跌倒的一天,他也要不断找点理由来安慰开解自己。在他的一些词作中,我们看到他与友人依然会宴,也会给一些友人的侍女们写词,这些倒成为了他减压的方法。

《水调歌头·和郑舜举蔗庵韵》

万事到白发,日月几西东。羊肠九折歧路,老我惯经从。竹树前溪风月,鸡酒东家父老,一笑偶相逢。此乐竟谁觉,天外有冥鸿。味平生,公与我,定无同。

玉堂金马,自有佳处著诗翁。好锁云烟窗户,怕入丹青图画,飞去了无踪。此语更痴绝,真有虎头风。

时间流转,日月不休,他走在九曲羊肠路上,遇到父老,一笑相逢,这倒是一种别人不了解的乐趣啊！这就是一种平顺。而让人关注的是这首词里有着辛弃疾对不同人的命运的触感，这是写作者的敏感："味平生，公与我，定无同"，"自有佳处著诗翁"，他在分析着这位老人的生活情况，感觉到这也是一种乐趣。像这样的略有生活乐趣的词作在辛弃疾的作品中数量不是很多，在他来看，这也算是一种痴心，在苦境里找莲子，于烈火中求一味清凉而已。

更多人希望国家能够平安稳定，可是他们就不作为，事情只要能压的一定要压，这会将原本容易解决的矛盾变得难搞，要解决就必须先正视。辛弃疾就是总是不会放松自己，只有在诗词之中才有所休憩。他对诗词创作的喜爱，让他真正会轻松一些，观察带湖周边的环境，这里的人与事，这里的情与义。这么多年奔走可以歇一会了，可辛弃疾能一直如此吗？不能！

《鹧鸪天·有客慨然谈功名因追念少年时事戏作》

壮岁旌旗拥万夫，锦襜突骑渡江初。燕兵夜娖银胡觮，汉箭朝飞金仆姑。

追往事，叹今吾，春风不染白髭须。却将万字平戎策，换得东家种树书。

年老的人对少年的英武之事，回顾起来总有一种新的思忆之情，会有新的感触。这首词的小序上写明是为思忆少年之事，最为自豪之事，这是他在坎坷之际，激发其自信奋发之情的力量。

当年，辛弃疾年及弱冠，旌旗猎猎，直闯金营，带着说服了的一万名耿京原部兵马，押着叛徒张安国，渡过淮河，英雄气派震动朝堂，名重一时。之后，他对南宋的小朝廷的软弱并没有十足的认识，上书《美芹十论》大议抗金之策。

辛弃疾的少年时期，镌刻在他的脑海的是祖父的殷殷期待。父亲的早亡，让他早早知道了人生的困境的苦涩。识人不清，背叛他的人依然存在，比如义端和尚，然他的内心仍旧坚信着人性的光明。识历史的大局之人，必然有更多的机会的去改变这个历史，能看得透种种世相，对人性有深入的洞察力。在他少年之期，被闲置一旁的岁月里，他没有消沉。而是在向山水深处觅陈迹，翻阅故典觅真知。

回望这一段，一位不惧自己身份，敢议朝局，胸有良谋的帅才，是能破能立之人。当时的朝局里，南宋也有不少士人看到金国内乱，义军的风起云涌，他们对辛弃疾的"万字平戎策"是很感兴趣的，引发了热议。然而，一位没有任何根基的"归正人"，又有练兵之能，是无法得到当权者的支持的。义军可以用，但不可以信，一直是宋代皇帝的一种心理。辛弃疾想学汉朝飞将军李广夜捉敌人，以高超的武艺统兵制胜，在很多南宋朝臣的眼中是个人太突出了，并不符合他们苟安的利益。

有一种词是需要借酒来唱的，东家种树书就是怨言，奔涌而出的是作者对当时朝堂中人不识人，不用人的悲愤之情。

"却将万里平戎策，换得东家种树书"，种树也是辛词常有的意象，种橘树，南橘北枳，亦是暗含南北之分，英雄所处非地的悲叹。种树书，唐代韩愈"长把种树书，人云避世士"，宋代刘克庄"挟种树书，举障尘扇，着游山"。这就是喻指隐居避世之心意，并非实有其书。辛弃疾也是此意。可在俞陛云的《南宋词境浅说》一书中点评此词时说"江统平戎之策，郭橐驼种树之书"，似已确指。可这郭橐驼种树之书是明代俞宗本所托名之书，朝代不对，这样说似乎并不妥当。

"宁为百夫长，胜作一书生"，去文习武的人都是抱有改变时局的报国之志的，在他们的眼中，学成的才艺，无论文与武，都要有所作为才是可以的。货与帝王家，立功建业才是有所成就。这也是儒家士大夫的理想。

细细阅查史料，范仲淹的"燕然未勒归无计"，王之涣的"春风不度玉门关"，岑参的"风卷红旗冻不翻"等等，长于边塞诗的诗人仅有对行伍的初步印象，而真正率兵上战阵，能写出兵书的这种文臣是极少数的。辛弃疾正因为文武兼备，取得了不俗的成就，方有更深刻的痛苦，有才而无力施为的悲叹。

辛弃疾对他自己为什么会如此不得志，也做过一些分析。他不会献媚迎合当权者，是他的性格使然，也是他之所以沉沦下层的原因。他在《千年调》的词中这样写道："卮酒向人时，和气先倾倒。最要然然可可，万事称好。滑稽坐上，更对鸱夷笑。寒与热，总随人，甘国老。少年使酒，出口人嫌拗。此个和合道理，近日方晓。学人言语，未会十会巧。看他们，得人怜，秦吉了。"

辛弃疾的词作里有不少的集经句，集典故之作，可是风调都很生动，甚至具有某种故事性，而他这首词却是为他朋友郑汝谐的一处名叫"卮言"的小阁楼而写的。他的笔调十足风趣幽默，而讽刺那些当朝的不务国事，专事献媚取宠的朝臣。辛弃疾在南宋朝廷的苟且偷安的气氛下，明白了一个道理，就是所有的刚直者都会被折磨无尽，有真情真心者难以立足，无能唯命是从者不断飞腾。在黑暗与光明之间，很多人昏昧，很多人取利。凡势之逆转必要靠顶天立地之人推动，而往往这样的人付出的代价会极其高昂。他借这一处小楼之名，把那些丑恶的嘴脸，通通讽刺了一番。

卮是古时盛酒的器皿，"卮言"，出自《庄子·寓言》："卮言日出，和以天倪"。陆德明释文（引王叔之）："卮器满则倾，空则仰，随物而变，非执一守故者也。施之于言，而随人从变，已无常主者也。"辛弃疾将它比喻成那些没有主见，只会随口应承的臣子，只要求和气，就不会管什么大是大非。总之是和稀泥，怎么说都行，怎样做都好，"然然可可，万事称好"，朝廷上食皇粮的很多人都是明哲保身，一则无才无能不知，平时议论争煌煌，临机实无一策；一则只会奉迎君主之意，就如同那个《宰相刘罗锅》里的王爷似的，没事总会来一句"皇上圣明"，凡事不关心，也成了和事佬。

儒家是讲"和"的，可是"和而不同"是为君子，凡事都当好好先生，那"不同"又在何处？不可能凡事都讲和字，不论对错，没有是非，立场很模糊，这样的官员要来何用？再者说，有人之处就有矛盾，就算是亲人之间，也有那种你来我往脉脉亲情之下的矛盾。大权在握之人有生死予夺之力，临大事之时，居然也要点头称是,那还求什么真知,做什么正见?

辛弃疾写人物还很形象,"滑稽坐上,更对鸱夷笑。寒与热,总随人,甘国老。"他说这些官员都像那个酒器鸱夷一样随人卷曲,倒了就空,空了再倒,寒还是热都是跟着周边的人走,就是所谓的"随大流"这样的人还能当官,而且,还会做得很好,这让他很无语了。

当初,少年气盛的辛弃疾看不上这些庸官的做法,他总是一腔抱负,满怀激烈,希望能够做一些事情。他也不管什么利益纠葛,关系法则的运用,说话耿直劲切,就必然顶到人家心窝子,他总是"少年使酒,出口人嫌拗"。

经过宦途沉浮,他才会想明白,啊,原来人家都是有这么一个"和合"的道理,人家不是傻,也不是笨,而是很明白怎么在官场里混事。而他一心为国,却不知这倒会被批成现在的"情商低"的那一拨,他在这首词里苦笑道:"此个和合道理,近日方晓。"

辛弃疾在带湖闲居,也有过很多反思,在找他自己的问题,可是最终他发现真正让他一再受排斥的,就是他不会趋附权势,让他绝望的就是那种官风的颓丧。如果每个想为国谋事的人都遇到这样的环境,他们又能怎么办呢?辛弃疾对此是十分不屑的。

人生的际遇不同,对自己有利就会无视立场观念,这是一种人性。千百年来,多少贤达之士,多少智慧之人,想以道德,想以情感,甚至干脆就用制度来控制其过分的发展,却都难以实现。世界并不会真的有人完全不计私利去对待你,哪怕是亲情,友情,都是一旦伤害就会万劫不复。由过分之私而变成趋利避害,难以有公心来主事,这就是一种很悲剧的现实。而作为官员,就必须要有公心,而那些喜欢随大流的好好先生,他们就已屈从于这种规则,而不愿改变现状。只要金国没有把刀架在他们的颈上,他们就不会争取抗争的机会,哪怕兵临城下,好一点的只会一死报君王,差一点就逃之夭夭。

对国家来说,这又有什么用处呢?辛弃疾也明白趋附的重要性,献媚是必须修的官场功课，他说："学人言语，未会十分巧。看他们，得人怜，秦吉了。"他开玩笑说也想那么做，可是心里的原则不让他无视大业，而当他看到那些人的时候，只会觉得他们可笑，像那只鹦鹉一样。

辛弃疾虽然极力平息心中的怒火，退隐林泉之后，耕田务农，不问政事，可是他仍然期待能够有朝一日，再整乾坤事了。他把所有的情感都投入到他的词作之中。

《贺新郎·别茂嘉十二弟》

绿树听鹈鴂，更那堪、鹧鸪声住，杜鹃声切。啼到春归无寻处，苦恨芳菲都歇。算未抵人间离别。马上琵琶关塞黑。更长门、翠辇辞金阙。看燕燕，送归妾。

将军百战身名裂。向河梁、回头万里，故人长绝。易水萧萧西风冷，满座衣冠似雪。正壮士、悲歌未彻。啼鸟还知如许恨，料不啼清泪长啼血，谁共我，醉明月。

《贺新郎》，同词牌而内容不同，这是豪放派词人最常用的词牌之一，因为这个词牌更适合抒发英雄豪情志，激昂意气的情调。词韵有筋节，收尾之韵短促有力。虽然有学者考证，在宋代时已然比较少用入声，而是转用上去等韵部，但整个词作仍然是拗怒多过柔婉，让人读起来有愤慨之情。

宋代的诗词，有着比兴的创作手法，《历代诗话》中的《六一诗话》记载，梅圣俞对欧阳修说："诗家虽率意，而造语亦难。若意新语工，得前人所未道者，斯为善也。必能状难写之景，如在目前，含不尽之意，见于言外，然后为至矣。"梅圣俞又道："作者得于心，览者会以意，殆难指陈以言也。虽然，亦可略道其仿佛：若严维'柳塘春水漫，花坞夕阳迟'，则天容时态，融合骀荡，岂不如在目前乎？又若温庭筠'鸡声茅店月，人迹板桥霜'，贾岛'怪禽啼旷野，落日恐行人',则道路辛苦,羁愁旅思,岂不见于言外乎?"

诗歌的语言是要包含多重的意象,不尽之意,皆在诗歌的略略几个字之中,梅圣俞说诗指陈不尽作者之心声,只能以语言来构筑一种如在眼前的意象,让读者去思索其中的意蕴,状景之精微,如在眼前,即有"不隔"之处。但是梅诗不够率意自然,语言虽工,整体上来看就达不到《诗经》那种意脉的通畅性,意象的饱满性,意境的丰富性。

辛弃疾的词却不一样,他皆是率性而为,情景交融,言意相合。因其不假思索,天然融合,超过其雕琢之作。诗歌写作是形象思维的产物,其触物而兴情,情的流转才能带来意境的反复深入,辛弃疾词之所以纵横开阖而让人觉得气脉贯穿,是因为其性情之真实自如,字字致意,没有斧凿痕,意境自然天成。

宋词相比于宋诗来说,更重放纵性情,着意个人风姿的描绘。辛弃疾畅性任情,多以品悟感发为主,构思细微处让人玩味。

辛弃疾闲居铅山之时,被动成为一"闲人",他与堂弟茂嘉离别,这首词不在分片处分层,一气呵成将古代的恨别之情,借诸鸟之典以比拟。

首句:"绿树听鹈鴂,更那堪、鹧鸪声住,杜鹃声切。啼到春归无寻处,苦恨芳菲都歇。"辛弃疾再借鸟鸣起兴,可这鹈鴂化用是何典呢?有一种说法鹈鴂是杜鹃,然按《离骚补注》鹈鴂和杜鹃是两种鸟,何况此词又有"杜鹃声切"之句,因此鹈鴂是指伯劳。如此一来,故暗用《离骚》"恐鹈鴂之先鸣兮,使夫百草为之不芳"意,这借屈原《离骚》情兴之句发起,《离骚》之辞的解释也不同,班固认为遭忧患而作别辞,司马迁在《史记》中认为是"离忧"。

吕向认为鹈鴂这种鸟若先鸣,则百草必先凋零。辛弃疾把这一熟典又反用,听鹈鴂,一句就将整个词的悲绝定了调了。接着鹧鸪声住,鹧鸪鸣声像"行不得也哥哥",这种悲哀之情连它都知道,再不鸣叫,任其远行;杜鹃声切,蜀王望帝啼血之杜鹃鸟却声声悲彻。辛弃疾满腹藏郁的不平之气,情透书背,他再能忍住,甚至已然啼到春归无寻处,苦恨芳菲都歇。已到极至,他对人生的悲愤已尽数在史事中吐露而出。

辛弃疾开头罗列了这么多的鸟，看上去无理不通，实则大力起笔，把所有的混乱意象都组织起来，以他的理念贯穿之，以他之才气运用之，使得各安其位，这也是他能够在乱局中找到发起之力量，是他的词的一大特点。辛弃疾的才气方可以不拘套路，自成一家。

王昭君出塞，明妃之曲情尽染，沉积着一缕难平之气，绝色之姿弃而不录，毁于画工毛延寿之笔，被迫出塞，大雁南飞人难归，从此一生思恋，唯有昭君墓上的青草萋萋。乱境凄迷，不奈风雨，谣言枉害绝世身，离有限，恨无期。更长门，翠辇辞金阙，"千古纵买相如赋，脉脉此情谁诉"，陈阿娇被汉武帝厌弃，将她放在长门，即冷宫。曾经的金屋之宠，忆然如灰，烟消云散。唯有辞别金阙，满腔悲戚无处说，命息一线绝前情。

看燕燕，送归妾。有一说法，春秋时卫庄公之妻庄姜，"美而无子"，庄公妾戴妫生子完，庄公死后，完继立为君。州吁作乱，完被杀，戴妫离开卫国。《诗经·邶风》的《燕燕》诗，相传即为庄姜送别戴妫而作。然据词情，又重了一层，就是虽有良策，无有可鼎力推荐之人，只能功名埋土，苦寻无力。而别的妃子也许长得不美，却会玩弄心机，趁势而起，可最终会弃国而去。对比之手法，托之史事，稼轩对这番世故心中很明白，这是他功而未就之症结。

转下片，如风天击雷，兵事之史翻出，将军百战身名裂，向河梁，回头万里，故人长绝。事关苏武牧羊之事，被困匈奴十九年，而李陵战绩彪炳，可因增援军不到，只得诈为投降，以作后计，没想到汉武帝将其族灭。从此李陵忠心翻成叛逆，当他看到苏武十九年后，可以离开塞外而回到汉地的时候，两人赋《河梁》之诗，成为绝唱。这当然是一种说法，然而我们细品其境界，辛弃疾却好像同时影射另一人之事。那人就是岳飞。

岳飞之忠烈，在南宋孝宗朝已然平反昭雪，才有"百战身名裂"，而李陵却从未洗冤，然此时的岳飞早就不在人间，他的忠风烈骨再有，也只能故人长绝。

出师未捷的李陵，沉冤埋骨而无力回天的岳飞尽此一词。而河梁之诗，古来借以喻英雄离别之暗喻亦很多，谢枋得云："稼轩精忠大义，不在张忠献、岳武穆之下。"

一些人会将辛弃疾说成愚忠，"了却君王天下事"，他亦曾是要报"君父不共戴天之仇"，不可说一臣子全无忠君之心，但对辛弃疾来说更重的是百姓安危。他曾在《九议》这部纵横时政的文章里，直接说出过这一志向，他指出作为君王应当是无私的，兴复天下之大计是为了国家，是千秋基业，皇帝及大臣们不能自顾保全自己的私利，而置国家兴亡于不顾。这真是石破惊天的大胆之论。二十多岁的少年在官居末位，毫无名望之时，居然敢直斥皇帝的私心私意，这是何等的勇气？

北宋蒙难之时，有多少仓皇逃走的皇族亲贵，权臣重僚，哪一个敢于说出这样的话来？辛弃疾是铁做的肝胆，一心一意，全在为民谋福，与国为安。他不是不知道那些英雄会因为一句话得罪了上面就被拿下，岳飞前车之鉴，可他仍无所畏惧。

辛弃疾忠勇意气，在这昏暗的时局里，惊动乾坤。不满三十，壮怀激烈，奇男子，伟丈夫，历史上竟真有这样的人。他也是一样的血肉之躯，的确是造就着不同寻常的人生。很多人也有抗金之心，可一碰到方方面面的压力，就很快抛弃所有的初心，趋炎附势，换了一副嘴脸。然辛弃疾的伟论，让宵小之辈羞愧难当，让唯利是图之人恨之入骨，让犹豫徘徊之人壮其胆略，这就是一篇战斗之文的力量。

在天下倒悬之际，他念百姓疾苦，见宋朝决意派兵，就算是对其用兵的持久性心有疑虑，辛弃疾仍会舍身以赴，这就是信念不屈。这就是"天下之事"，无关名位，只为尽责忠事，天下之事了，心愿才足。

辛弃疾的雄论之影响，使得他后期有机会出头抗金之时，不少官员在词中将他比之管仲、乐毅、张良、孔明。他的才略得到了朝廷中有识之士的公认。"惜当弱宋末造，负管乐之才，不能尽展其用"，这是史家定评，辛弃疾有才而不逢其时，可纵然他出身微末，归正之人，财富有限，官微职小，但人要有奇志，有坚定之毅力，无所惧怕，就必然能够成就一番伟业，烛照青史。

在辛弃疾最坎坷的时候，在他已没有任何的权位之时，词作之中的风骨不减，他所寄望的少年心事不变，这是极让人动容的。

有多少人因为一些不好的主客观因素的影响，把缺陷越来越放大，像我等这样的平凡人，都是不自反省，不懂磨砺，总会做一些难以原谅的蠢事，伤害自己也伤害别人。可是，那些英雄，他们就永远不会被自己打败，他们有很好的抗挫能力，无论在怎样的情况下，都会扛起那心中的旗帜，保住自我的理念不被毁掉。

人无完人，也曾犯过错，但是朱子说三十之后，再学习经学来修身也不晚。只要有学习的能力，就还能重新起步。不要妄自菲薄，要坚定自己的信念，要提升学识和能力，看得更清楚，才能形成真正的观念，人生才会有所指导。

这个历史上堂堂正正的人是永远可以走得下去的，如果翻阅历史看到的都是阴谋诡计，以浅薄的处世经验来解读，把心中本有的正气全磨尽，堕落下去，那永远只会在黑暗里滚爬，找不到一点出路。

辛弃疾这样的英雄给予人的应是如何挺立着走下去的信念，而不是一个警示的教训。忠臣负冤重，千古精神不灭，他们的正直、坚韧，才是中国奋勇拼搏的精神，也是历史前进的动力。

挑灯看剑　人世万端

稼轩词里最动人的一首无疑是《破阵子》。

《破阵子·为陈同甫赋壮词以寄之》
　　醉里挑灯看剑，梦回吹角连营。八百里分麾下炙，五十弦翻塞外声。沙场秋点兵。
　　马作的卢飞快，弓如霹雳弦惊。了却君王天下事，赢得生前身后名。可怜白发生！

《破阵子》之词名，本为唐朝的教坊音乐，初制是秦王原曲，以武士饰甲衣而歌舞，本有着兵戈之气。而词至宋已变格，别开天地。最初，想要演奏此曲，需要两千人之多，所有演员身穿衣甲，手拿旗帜，那场面何等壮观。想来汉高祖的《大风歌》，也仅让乐童数百齐奏，哪有《破阵子》这样的气势。前不久，某电视剧里让女主和君王共舞，弄些宫女来演习，居然是《秦王破阵乐》，这也太儿戏了。《秦王破阵乐》场面宏大，正是模拟疆场征战之时，千军万马，气势如宏，雄调激昂，而后演化为《破阵子》。

这首词作于淳熙十五年，公元1188年。当时的辛弃疾被免职闲居带湖。

饮酒的辛弃疾淋漓悲慨，无法入睡，挑灯而起，再看那宝剑，这三重动作短暂而绵密，却似醉而非醉，忽然转入梦里，由实入虚境。午夜梦回，梦中重复的是那连成一片的兵营，号角不断，大气磅礴。为军士们赏食牛肉，奏瑟鸣军乐以振兴边塞之音。诗人拍案定格为沙场秋兵点。为何是秋天呢？熟悉南宋战争史料，就会知道宋代军事上缺马，而金兵往往以骑兵制胜，待到辛弃疾的时节，久受欺凌的南宋已开始着手驯马，秋高马肥正是点兵出征之际。

接下片，的卢为名马，却妨主，可英雄自有驾御，飞快驰骋，弓如霹雳，惊风震宇，弦响如瀑。这连接的三句前以动化境，后以声助威，看似虚景却是辛弃疾多年的演兵实绘，前后浑然如歌，壮气豪情挥洒。诗人之志是了却君王的天下之事，此时的辛弃疾已然被朝廷放逐在江西上饶，其思想应对人世沧桑有所感受，可是从这首词里仍看到他对天下之事的担忧，报国心重。

他的志向是现世的功业及由此而来的英雄名世，与那些立言为志的词人大为不同，他原未以写词为业，难敌世事变幻不得不寄笔于词，本为建功立业成就不朽名声的将才，却空负胸中志，可怜白发生。他被投闲置散之时，处处是倔然挺立的词语，并无半点犹豫，可谓"壮词"。

如龙榆生所论，《破阵子》是南宋豪放词家们比较喜欢用的词牌之一，这个词牌比较适合表达激昂雄壮的情绪。宋词是要倚声填词的，而声有着标准的声态，词人的字要与情融，与声态相配合，才能达最好的意境。《破阵子》这首词之所以成为辛弃疾最重要的代表作，关键就在于"醉里挑灯看剑，梦回吹角连营"及"马作的卢飞快，弓如霹雳弦惊"这两句，宋词里忽然加入特别齐整的对偶，使得句子的节奏整齐，气势雄壮，推动着整个词色昂扬振奋，这也是辛弃疾的词作在声韵方面的妙处。此词的声情激壮，正是这两个七言偶句，与岳飞的《满江红》情况相似。

在一个词调内，遇到连用长短相同的对偶句之时，所有相当地位的字调，如果是平仄相反，那就会显示和婉的声容，相同就是构拗怒，就等于阴阳不调和，从而演为激越的情调。关键字有显示在句子中间的，也有显示在句末一字的。

声容就是原本词谱上是要有音乐相配的，而宋代之前的乐谱已然消失，但是声音仍然有一定的韵度与曲子的声色，如果填词者不重视这些地方，难以做到音律相协，情感的表达就会不够相融。

写词的不少，但有英雄之气，英雄之魂，英雄之泪者不多，词为心声，诗为心画。此词如一首悲风苦韵的壮歌，看似为梦注脚，实写英雄难酬壮志的悲叹，却几番梦回，疆场声震，不能醒转，仍在醉眼看剑。

当年，他点兵派将尽为谋划，英雄豪气，如今白发虽生，而仍初心不改。醉里点兵，梦里出征，当年的奔驰沙场的英武少年只余一把古剑随身，沉埋低吟，挑灯方见此剑之绝豪亮色，这就是倚天之气，擎得住天崩地陷，拼得过万里霄沉。

纵然命运坎坷，可他在低谷中却愿结交忠义之辈，激励他人奋发向上，不忘靖康之耻。陈亮是辛弃疾的好友，一心致力于抗金大业。辛弃疾遇到他，就把满腹的心事倾吐。酒浇块垒，尽展胸怀，切磋之下，激励他无限当年兵事，方吟绝唱。辛弃疾何以梦境指兵，谈笑疆场，为何一生心结在于天下之事呢？

最难解的苦味，不在于词意的表层，而是心里的那杯陈酿的苦酒，壮气之间戛然而止的无奈。"可怜白发生"，满腹的兵策良谋，随着时间和空间的变化，眼睁睁看着不能挽救，悲慨当歌，一位白发英雄往复穿梭在他的难圆之梦中，胸中的不平之气吐纳天地，这种体会谁能明白？

我第一次爬上香山，就在山中小铺买得一柄长剑，崇祯之国破，南宋之亡都由外族入侵，可是吟吟龙泉，沉沉铸剑魂，却是万载不灭。凡古来之英雄有几人是能够以微末之躯而立功建业呢？乱世之间，会有若干草莽抱不屈之志，奋然发起，可遇不到明主，得不到器重，仍旧是宝剑沉埋，徒成虚幻。

常说怒剑会鸣，遥此及想，辛弃疾的那把剑亦是吟霜傲雪的悲影，灯下观之，抹不去的壮烈之情。酒深杯残，梦里沙场点兵，醒来悲慨无路。

"了却君王天下事"，辛弃疾想做的是什么事，他一生的目标到底为何？

若说身前之名，辛弃疾也有宏论《美芹十论》而立于史册，也有少年的几场辉煌的战绩，然这些都是未竟之业。他不愿做沧浪一现的人，世俗眼中的名气是不值一提的。他全心只为做成一件事。若论身后之名，那就是千秋功业，为百姓谋福祉，这位年华岁晚的老将，当他听到了战争的召唤，仍要以身许国，以心尽事。

他却不知南宋朝廷的皇帝赵构最怕的就是说他这个帝位得来的名不正，言不顺，他想的不是那些功业千秋的真名实绩，而是苟且求安，保一时之名位。辛弃疾早年在这样的皇帝手下，纵然如岳飞那般"白首为功名"，一生尽忠烈，也不会有出头之日。他们的战绩仅仅是皇帝用来和谈的筹码。然而，之所以辛弃疾又会对这种形势心存幻想，正在于他青年时的一次实实在在的疆场征战。

历史是如此吊诡，在宋金大战之时，金国一直是采取攻势，而宋军总是在守土即可。可君王必有心术。赵构是一位有权术的皇帝。当金兵入侵之时，偏偏还是要在鼓励军民奋起反抗时拿出两帝来做招牌，如他就曾诏曰："朕履运中微，遭家多难。八陵废祀，可胜抔土之悲；二帝蒙尘，莫赎终天之痛。皇族尚沦于沙漠，神京犹陷于草莱，衔恨何穷，伺时而动。"装出一副他屈身以侍金的不得已为之的情态来，这样感召得四方志士，来雪耻恢复，勠力一心。

一心为国，曾经聚起民兵的辛弃疾后期投奔义军首领耿京，他劝服耿京投效南宋，方能共抗金兵。耿京听服他之劝，让他与贾瑞奉表归宋。

可辛弃疾却是实实不了解赵构的为人心机，只是一心报国，成为赵构之臣子，从此被驾驭，再难圆他破金报国之梦。赵构见这么一支强大的义军来归自己当然是大喜过望，厚赏辛弃疾，授他为承务郎。没想到耿京被叛徒张安国杀了，辛弃疾联合王世隆等部，如天神一般闯营取了张安国的首级，大呼为耿京复仇，耿京旧部人马激动万分，随他杀出金营。可这位皇帝却在震惊感叹之余，立马解除了辛弃疾的兵权，赶他去江阴当了个签判。

有人可能不解，辛弃疾手里有兵，难道就这么轻松给解除了兵权？当初岳飞也是被轻松拿掉了兵权。岳飞鏖战多年，34岁即封为节度使人，被夺了兵权，都会如此轻松，何况对一小小辛弃疾？辛弃疾的部众，随后都被皇帝分散到了淮南的各军队中，再难成为力量。要知道的是，当年张安国可是将耿京大部分人马已经遣散，只带了一部分投靠金国，而这一支微弱的力量又被赵构给分散，这样一来，辛弃疾又能做些什么呢？

辛弃疾作为士人的担当之重，而无全私之心，他若有一点异心，就有机会不归南宋，带兵而去，何必餐风露宿，一路奔波，跑回南宋，最终却被闲置呢？对国家的忠诚让他始终坚守原则。这样的人不会成为枭雄，却注定是一世英雄。

破阵当在梦中，前尘一片灰黯，这首《破阵子》点了"了却君王天下事"，凡以忠君之志，佐不世之功，成为贤臣名将是他的理想。后清人方会评他是有张良、乐毅之才，而不能逢其时。

历史注定是如此，有名将者难逢明君，有明君者难寻名将，两者遇合，凡是以理念相同而共做，却又因彼此忌惮而分离。这样的际遇没想到却成就了一位旷世奇词人辛弃疾。

但凡以军事为功业的人，粗豪甚多，而儒将甚少，文气不盛。连宋太祖赵匡胤都被逼急了来了一句"才到中天万国明"，才现出帝王气象。词为小道，更多柔媚之姿，以词寄壮志，却是从苏东坡开始。苏东坡的词作虽有如"大江东去，浪淘尽，千古风流人物"的大气恢宏，可真正以词名世，将词写得暴风骤雨，大音铿锵，一扫千古，横绝六合的只有辛弃疾。宋词到了他的手上，方变得姿态雄浑，灵活飞动。

几人曾是经纶手，一种文体总要有大力之人重新振作，才会有新的生机。南宋因为家国之乱，爱国词人颇多。辛弃疾与同样有肝胆，有血气的陈亮相遇，方能共商北伐之事。宋之士大夫总有一种不屈服的风骨，不因时势而放弃理想，稼轩方能重有这样的一首"壮词"，成了千古的经典。

辛弃疾虽然看似是一位孤胆英雄，但也有同道中人。他相知的一人就是陈亮。陈亮也是文武全才的报国之士。宋代的学术思想界有一部分人是有济世救国之心的。他们想从史籍、古籍里找到一些救亡图存之道。其中很重要的就有吕祖谦和唐仲友等人，而在永康就有陈亮，他们学问百途，"通其委曲，以求见诸事功"，水利农田、礼乐兵刑等等都要有所见解，能够为国家的发展找到理论的基础。

陈亮治学的宗旨是"开物成务"，要治国平天下的，他不同意空谈仁义道德而不研究，也不明白理财用兵之学，他的治学要旨是："义利双行，王霸并用"。

理学不能务实，是宋代理学之弊端，他们只讲究修身养性，而不知天下何以如此。陈亮在1178年给宋孝宗皇帝上疏指斥他们是空谈性理，却不知性命是什么，不讲富国强兵之道，国家又怎么能好呢？

陈亮的确是切中时弊，理学一直发展到明清。明灭亡之后，顾炎武反思之时，也会在《日知录》指责这些人空谈误国。待到清中期之时，戴震对理学也进行了改造，是要经世济用的。陈亮在杭州之时，经由吕祖谦介绍，认识了辛弃疾，这样两位雄才大略，英雄所见略同之士，一见如故，成为好友。可陈亮后来却多次应试不第，再加上他的学说之语，会让不少人忌惮，加以陷害，竟然使他曾经进入牢狱之中。当陈亮流落到上饶之时，见到了辛弃疾。

可想而知，辛弃疾的满腹心事正好遇到知音，他真是可以一饮千钟。那首《破阵子》也是他特别赋壮词吐露自己的遭际，寄给陈亮，以激励陈亮不要因为坎坷就消磨志气。而陈亮在仕途遭遇打击的时候，也是总想着找辛弃疾倾诉一番。可由于杂事人情烦扰，直到1188年的冬天，才来到了信州。此时的辛弃疾已然在铅山县东北境和上饶地界相接的期思渡旁营造了新居，他就在这里来与这位才能老友相聚。辛弃疾的新居之旁有一处泉水，甘洌而洁净，辛弃疾就取名为瓢泉。

瓢泉之思　风雨际会

《贺新郎》

把酒长亭说。看渊明，风流酷似，卧龙诸葛。何处飞来林间鹊，蹴踏松梢残雪。要破帽，多添华发。剩水残山无态度，被疏梅，料理成风月。两三雁，也萧瑟。

佳人重约还轻别。怅清江、天寒不渡，水深冰合。路断车轮生四角此地行人销骨。问谁使、君来愁绝。铸就而今相思错，料当初、费尽人间铁。长夜笛，莫吹裂。

　　陈亮来到东阳，与辛弃疾同游鹅湖，鹅湖又是哪里呢？就是辛弃疾的新居稍远的地方有一座从福建境内蜿蜒而来绵延几百里的山，山的主峰就叫鹅湖。这里有一座很有名的寺庙就叫鹅湖寺，曾经有很多有名的学者在这里谈论学术，有过著名的鹅湖之会。前面提及的陆九渊也是后来心学理论开启之人，就曾与朱熹在此会面，纵论学理。

　　辛弃疾将陈亮邀请到这里，是有心的安排。他知道陈亮是理学之士。那时的辛弃疾正在患病，可是听说是陈亮来了，心中甚慰，也顾不得病了，马上安排活动。

两人把酒言说，来到瓢泉畅饮，又到鹅湖寺去散步。辛弃疾与陈亮多谈时局与世务，极是相得。辛弃疾又去约朱熹到紫溪相聚，但等两人到了紫溪之后，朱熹没来。

陈亮与辛弃疾在鹅湖相会了十天，辛弃疾难得放开抑郁的情绪，欢畅喜乐，要知英雄最难得至交知己，辛弃疾自然是欢愉不尽。欢乐的时光总是短暂的，很快就到了陈亮离别之期，辛弃疾惦念不忘，难禁别情思念，"意中殊恋恋"。在陈亮告辞离开的第二天，辛弃疾一路紧追，想在途中再与陈亮多盘桓几日。待到他追到鹭鸶林，下起了大雪，满天的飘雪埋径，泥滑而不得去路。

辛弃疾返回，路过方村，晚间投宿在一户吴姓人家的四望楼。辛弃疾独自饮酒，心中颇后悔为何不挽留陈亮呢。某一天，他又来到了四望楼，郁郁满怀，不知何往，唯赋词寄托思念。千里知音，冥冥之中，似有天意在，凡心灵相通的两人，必有神会感应。此时的陈亮怀思辛弃疾，写了一封书信，寄给辛弃疾，还向辛弃疾索要词作。辛弃疾正好写完了此词，文人之莫逆知交正在此处。词的首句即点明他对陈同甫的印象之佳："把酒长亭说，看渊明、风流酷似，卧龙诸葛。"

他们之才智相匹，皆有陶渊明的高风高节，可称为一时瑜亮，风节高标，为尘世共解心曲之人。词中提到饮酒，辛弃疾写的关于陶渊明的饮酒句并不少，如《水调歌头》有句云："爱酒陶元亮，无酒更徘徊"。陶渊明为东晋之士人，隐居林泉，有《归去来辞》云："误入尘网中，一去三十年"，似乎厌倦了仕途宦海的生活。陶渊明的《饮酒》诗，表面上出世之态，实是借酒以宽怀，仍藏有报国安民的入世之心。陶渊明的饮酒诗里包含的意蕴与辛弃疾英雄失路，闲居林泉的心情很相似。辛弃疾写与陈亮饮酒的快意，因他与陈亮的处境也是一样，大隐于市，实则志在八方，情留四海。

古代名将，心有预见，无奈世路坎坷，不遂人愿，只能潜龙藏志，再候时机。"何处飞来林间鹊，蹴踏松梢残雪……两三雁，也萧瑟。"辛弃疾再次反用前人的意象，春风在他的笔下成为被调笑的对象，忙忙一朝，不得要领。

这"嘉鹊"原都是送喜的，可在他笔下又成了无事生非之鸟，踏枝落雪，像他那破旧的帽子下多生了白发，从此变得故人难觅，萧瑟风尽入怀。辛弃疾对时局的看法又隐约透露出来，"剩水残山无态度，被疏梅，料理成风月"。南宋朝廷对抗金收复之事没有什么想法，然暗香犹来的疏梅，却仍将残局料理成风月。这正是辛弃疾的意度，唯以大事为重，不为私利计较。

在天寒不渡，风冻冰河的冬日，他仍在怀念那远去的友人。以往闺阁词总会有这样的"与君生别离，此生相思苦"的情韵，辛弃疾的思念之深是夜里的笛声都吹不尽的，这是一种英雄之间惺惺相惜之情，更深，更重。

辛弃疾的词之长调，时有佳句，却能成篇而韵味不绝，一曲三折，一唱三叹，实景、实情交汇成一片美的意境，这就是老成圆熟，不放弃自我的理念，至情真心。

辛弃疾能以同一词牌来展现不同的风格，同样一个词牌《贺新郎》，他也曾用来咏物，以赋琵琶。白乐天有《琵琶行》，珠玉在前。然辛弃疾却化用典故，流利浑然，更将宋词的低吟婉转之态尽情描述，"凤尾龙香拨，自开元霓裳曲罢，几番风月"，他借唐代的开元盛世以追想汴梁的美景盛况，这种笔法在唐诗里亦有"汉帝金茎云外斜"，虚写汉唐，实关本朝。一曲霓裳唱不完，这首句已然隐隐与乐曲相关，起势极峻。实转一笔，当前尘故景全入琵琶声内，那今朝又如何？

辛弃疾有一句旧诗直描："最苦浔阳江头客，画舸亭亭待发"，正是"浔阳江头夜送客，枫叶荻花秋瑟瑟"，化用白居易的《琵琶行》。可是为什么这位少年魂荡心结，不知何处去，东京故老，繁华如梦，沉烟锁境，就依船相待，正此间的愁怀才是最苦。那沉沉的琵琶语，没有美妙炫丽的技巧，只让他感到泪海泛波，悲情满溢。早有明妃王昭君出塞而去，望断归路也没有回来，只有黄云堆雪，等到地老天荒。这是熟典，可辛弃疾却将浔阳之客的停船待发，明妃一去难归，孤鸿不在尽述在曲中，归期难在，连那绵绵之音的琴弦，亦让这种伤恨难以说尽。多少次这位少年英雄登高远眺，希望能够得到朝廷对他的重用，让他的雄韬伟略有施展的机会。

可是一次又一次的失望，填满心胸的是不平之气，让英雄伤魂落魄，尽在琵琶声语，"琐窗寒，轻拔慢撚，泪盈睫"，这弹琵琶的动作，是没有矫饰，不会说出声来，只勾勒人物的情态。

"推手含情还却手，一抹梁州哀彻"，连续动作滚涌而来的弹琴的伤感之情。千古之事，尽然灰飞烟灭。这时的他是豪情隐怀，写绵绵乐曲之语，纵然伤感，亦是要极端喷涌，全是决绝之语。笔势一下转开，沉香亭畔，贺老飘零，沦落江东，只能以乐音寄意，而那弹不尽的乐曲，却尽是呜咽之声。不能让伤心人再听。

凡以情至，才能动人。宋词调稳音谐要符合作者的内心波动，辛弃疾在词境上开辟出的似豪情又凄凉，似壮烈又婉转，全以曲笔而道，不肯用一支笔写出，这种词调词格何以创立。这是符合其个人性格的。

说起"英雄"两个字，总会想到是大侠快意江湖，将军征战南北，却不知名将自来亦多情，人性都是复杂的。只不过英雄的情是江河日月，大海翻天的一面在历史记载被凸显，而他情致婉转，几曾濒临绝境的悲伤被淡化了。似乎英雄都是天生就走运，或是一开始就能把事情料理得妥当。没有经过苦难，就不足以笑傲林泉。辛弃疾就是这样的一位英杰，唯大英雄能本色，凡事以诚，不行诡诈之计，不走邪路，一副肝胆照天地，有这样的骨气，有这样的人格方能成就不朽的名篇。

人间最苦是离别，等到辛弃疾收到陈亮的和作之后，他又兴来提笔又写一首词来回复：

《贺新郎·同父见和再用韵答》

老大那堪说。似而今、元龙臭味，孟公瓜葛。我病君来高歌饮，惊散楼头飞雪。笑富贵千钧如发。硬语盘空谁来听？记当时、只有西窗月。

重进酒，换鸣瑟。事无两样人心别。问渠侬：神州毕竟，几番离合？汗血盐车无人顾，千里空收骏骨。正目断关河路绝。我最怜君中宵舞，道"男儿到死心如铁"。看试手，补天裂。

这首词的形式很多样，起句就自叹岁月流逝，不能再提。老大无成岂能说？表面上辛弃疾是明珠沉埋，每天在赏花玩柳，观楼登山之中逍遥生涯，好像往昔志气都已然逝去。他还每每在词中感叹一个"老"字，可是笔锋一转，他就对陈亮表达真心了。

辛弃疾觉得如今碰到陈亮这个有如陈登、陈遵般有着湖海侠气的志同道合者，即使病了，也要高歌饮畅，发一通少年狂。楼头飞雪，即是指那份喜悦吹散了冬天的寒意。然这何尝不是他们这些本应少年有为的雄才之士的报国热情将残酷的朝野之寒气驱散。

人家将荣华富贵看得如千钧之重，他们却都看得很轻，就像鸿毛一般。"硬语盘空谁来听"，这是借用了韩愈《荐士》诗的意思。当年韩愈提倡文以载道，主张让文章变得有骨架，有内在的气节，能够以文述志，不要总是流连风月，与世无关。

辛弃疾感慨，他与陈亮那些对朝局的卓见谁能听得到呢？收复河山尽成画饼，只有那不关人间安危的西窗明月。他们喝了醉，醉了醒，醒了谈，谈了再饮，所有的置酒换杯，一次次的投机相商，很多想法是那么一致。"事无两样人心别"，可以说南宋的抗敌之心是几经摧残的，壮怀激烈，一心收复河山的岳飞被冤杀在风波亭，大量的主战之士心灰意懒，待到宋孝宗之时符离之战败绩，人心再不思进。而今天的神州大地，到底要经历多久的离合呢？要被金人侵夺多久呢？

明明有可以驱去胡虏的汗血良马，却使其拖着沉重的盐车，而无人关注。

当政之人却要去千里之外买骏马之骸骨。辛弃疾已然明确知道关河之路绝，已然是前程晦暗，纵然如此，他仍然激励陈亮要有闻鸡起舞般的斗志，赞他说："男儿到死心如铁"！

这一句吟出来是豪气干云，抗金之志至死不变，心如铁石，志如磐石，真真掷地有声之语。他愿陈亮能够真的补天之裂，实现抗金之大志。

辛弃疾的词风已然成熟，在南宋剪红刻翠之外，别立一宗，雄深雅健，壮怀悲慨。他的词里是多少年民众的苦闷心声。能开立词风宗派的人物，必然有独立之人格，有顽强之意志，辛弃疾这些赠答之作，也影响到了他的朋友们的风格，深化了苏轼开辟的豪放词的境界与力量。

辛弃疾被誉为"万古一清风"，有胆、识、才、力之外，更是寄寓婉转于直白，不是那种无意味的直露，而是含典深藏，又深情有味的直露，可说是将散文的笔法达到了更高的一个层次。他的词用典很密，有些人认为他故意在掉书袋，然宋诗之中亦多书袋之语，学问诗，性气诗多，辛弃疾的词作能把典故化用得恰到好处就是好词。

但是，一位本应在疆场立马扬刀，冲锋陷阵的大将军；本应是经纶事业，料理江山的股肱之臣，却只能变成一个隐居世外的文士，这真是可泣可悲的现实。在1181年的时候，写作出《容斋随笔》的洪迈就曾经以"辛侯"来称道辛弃疾，可是在此之后，就没有多少人如此称呼他了，辛弃疾已然又淡出了人们的视线，真的将他当成一位文士，一位词家了。

辛弃疾的悲剧，并不是他个人的，而是一个历史时期中不得志沉沦埋没的许许多多才士的共同命运，"运去英雄不自由"，杀敌报国，本应是做学问的人共同探讨的课题，特别是在宋朝，一直都处在四面受外族所害的状态，可英雄空自埋没。只要高层人士不用你，你也就没有任何舞台。时机并不好遇，若是辛弃疾能遇到汉武帝那样的明主，也许他就是第二个霍去病，两人名字都如此相似，才能又可较高下，不幸的是，他遇到的是宋孝宗。

十年，十年！这就是他隐居的时间！这么多的日日夜夜，他是如何度过的？纵然有家庭的欢聚，有朋友的安慰，这位熬煎身心的斗士，又如何能够受得住？辛弃疾如此史上难逢的英才，就这样被悄悄地掩盖了。他倒不如做一潇洒江湖客去，能拉起人马做事，可惜他已再无刀剑在手，那时的沦陷之地也不能再归去，甚至对于他来说，旧梦真已成尘。

四十岁到五十岁的这段时间是一个人最有精力，最成熟的年纪，辛弃疾却只能安稳在这一方带湖之中，饮泉观景，谈经品学，眼看着江山沦陷，坐以待毙。他只好将这满腹的心事全都放到了读书之中，凡经史子集，诗词歌赋，军事政策，农商法典无所不读，大量的学问，一通千通，都让他化入了词作之中。他将所有的学问以才御之，都是成了一种意思，都关于四个字："还我河山"。

这一时期，辛弃疾的创作也激起了很多同道中人的共鸣。他们纷纷唱和，以传其词作。宋代的出版业也很发达，辛弃疾的词作渐渐传播出去，成为激发南宋军民对抗腐朽的执政者的压迫，对抗金兵的利器。

只有这样的大使命感，大境界的作品才能够千古流传，才能够得到最深的共鸣。因为从古以来，人们最基本的需要就是要保证自己的家园不受侵犯，没有国，哪有家？没有舍身许国的人，又岂能有烈烈的中国之魂？辛弃疾的词就是壮词，就是一支最强大的军队，可以去战胜人们灵魂深处的胆怯，懦弱，恐惧，让他们能够拿起武器，走出去，收复河山，保卫家园。

第五章

雄心奇胆老将心

几重曲折　甘苦谁知

《永遇乐》

烈日秋霜，忠肝义胆，千载家谱。得姓何年，细参辛字，一笑君听取。艰辛做就，悲辛滋味，总是辛酸辛苦。更十分，向人辛辣，椒桂捣残堪吐。

世间应有，芳甘浓美，不到吾家门户。比著儿曹，累累却有，金印光垂组。付君此事，从今直上，休忆对床风雨。但赢得，靴纹绉面，记余戏语。

辛弃疾的家世前已细说，他在这首词里自嘲其姓"辛"字，有多种的解释"艰辛"、"悲辛"、"辛辣"等等，真是一姓就可以概括他的性格和命运。

辛弃疾不仅仅是一位战士，也是一位学者，是能够思考哲学问题的智者。他的词作是颇有哲思内涵的。王国维先生对此也深有评价，两宋之词，辛弃疾可算是独有一格。他隐居带湖之时，也有一些风格别具的作品。

辛弃疾在鹅湖隐居时生过重病。他在建康之时，也生过病。有人说辛弃疾身体好，所以好色。的确，他会武术，能执剑江湖，可这不代表永远健康，更不能说因为身体好就好色，这是什么逻辑呢。辛弃疾有一首在生病之时所写之词。

《鹧鸪天·鹅湖归病起作》

枕簟溪堂冷欲秋。断云依水晚来收。红莲相倚浑如醉,白鸟无言定自愁。

书咄咄,且休休。一丘一壑也风流。不知筋力衰多少,但觉新来懒上楼。

这首词是辛弃疾在鹅湖大病初愈时所作,凡生病之时,正是人能静心思考之时,辛弃疾把他的病愈初起的感觉融入景物之中,他写词都是随情感而发,并没有晦涩难明之处。"枕簟溪堂冷欲秋",点出时间和地点,一个"欲"把初秋的寒意从笔尖处渗了出来。

断落的飞云依绕着水,暮色初临,似已收起暖色。"断"字比较硬,而"晚来收"却特别有韵味,一下子就把欲吐还留的心绪隐现了出来,流出一脉自然景色。"红莲相倚浑如醉,白鸟无言定自愁",忽然杂入一对偶的律句,使词之形势愈促,色彩相衬,一醉一愁,一动一静,托言比兴,作者的理想成为沉痛的悲叹,这才是最让人痛心的事情。

似醉的红莲对衬无声的白鸟,这种巧思不知从何处寻来?"鸟自无言花自羞"让人想到形容黛玉忧郁之态的诗句。正如《草堂诗余正集》沈际飞云:"生派愁怨与花鸟,却自然。后段一本作:'无限事,不胜愁;那堪鱼雁两悠悠,秋怀不识知多少。'"

再一转,"书咄咄,且休休。一丘一壑也风流",书山与青山起伏之间又形成了意象的连脉,隐含着词人的谋略,而这一切因为病而只能休休。三层意思,一笔双描,辛弃疾的词笔了得。《宋四家词选》中,周济云:"此词中有大笔。"

"不知筋力衰多少,但觉新来懒上楼。"顺势写来,一丝生硬也没有,写的是实在的词人感受,信笔而来,又描了一下生病初愈的感觉。年老病弱缘于胸中的甘苦愁怨,这样的笔法老成,威而不露。正如《白雨斋词话》陈廷焯云:"信笔写去,格调自苍劲,意味自深厚,不必剑拔弩张,洞穿已过七扎,斯为绝技。"

辛弃疾的词作也多用比兴之手法,以物寄意,让读者了悟。宋词若有影射时局之意，其实也是担了不少风险的。很多人以为只有诗歌才会因言获罪，实则并非如此。对于宋代的士大夫来说，词的确是他们在业余生活中抒情怡性的消遣之作，诗却多为"言志"，承担了更多责任，是更为正式的文体。细究起来，宋词更能深入写出文人的心态，是较为真实的表现。宋词里的志气，更为横流激越，因此也会招来飞来之祸。

比如宋词中常用的"比兴"手法，其中"兴"就是借物喻情，天机随触，可偏有词论家认为"兴"的笔体容易有讽嘲影射之意。

其实"兴"与"讪"是有差别的，"兴"通过具体的物象来表现作家复杂的思绪，是总体性的意象流露，趣味更多，而非讪谤之作略显直露。诗之思维在于情动于中而形于言，并且文学的思维是打破空间、时间的限制，是与人性相通的，因而才能千年传唱不休。诗之所以味道无穷，就在于此。诗之美感，非一定要指陈某事，评判某事，而在于写诗当时人喷发而出情感的真实动人形成的意境的整体美。而"兴"的手法，正是最能表现诗人的悠绵情思，它把物象中最动人处描绘出来，让读者去品味其中的隐含意境，才谓之工诗。

宋词相比于宋诗来说，更重放纵情性，着意个人风姿的描绘。"兴"的技巧对词的创作亦有影响。宋词的婉约、豪放，皆因畅性任情，多以品悟感发为主，而非以理至为工，韵味十足。可宋词里依然有因近讪而获罪之事，如胡铨，柳永等皆因词作而被贬官。

稼轩词力求达到物象与情感的交融，自然而婉转，于幽微处见深情，构思细微，婉而不迫，细品得到很多的滋味。诗词讲究自然天成，全无斧凿痕，辛弃疾的作品正是如此。

辛弃疾之英才绝世，却仕途浮沉，不得重用，寻路无得。他对局势之非又洞若星火，若说他没有一丝一毫对苟且偷安的朝廷不满，那是不可能的。只是他的词比较寄幽微之心曲放在其中，大多不会直述其心结。这也可见辛弃疾的艺术手法之高超，他能以词名世是必然的。

《青玉案》

　　东风夜放花千树。更吹落、星如雨。宝马雕车香满路。凤箫声动,玉壶光转,一夜鱼龙舞。

　　蛾儿雪柳黄金缕。笑语盈盈暗香去。众里寻他千百度。蓦然回首,那人却在,灯火阑珊处。

按稼轩弟子范开《稼轩词》的编次,此词当作于淳熙十四年(1187年)前,闲居带湖期间。然词的内容却极似临安元夕风光,如《南宋词境浅说》一书就直称为临安元夕风光,有学者将词的作期提到乾道后或淳熙初,以切合稼轩在京城的踪迹,因其作期难定,权置于此。

元宵之夜,那美丽的花灯在夜晚里如春花开放,千树竞辉。璀璨的烟花如流星之雨,繁花似锦,星夜绚丽,这美丽夜晚,无数的游人驾乘着宝马雕车而来,动人的凤管箫声随风悠悠飘入。

冰轮月色皎洁有神,光波流转,舞起的长龙和飞鱼狂欢如潮,美景光转,竞舞无尽。乌丝秀发上嵌坠着蛾儿、雪柳、黄金缕的女子们在一阵阵香风中,笑语盈盈而去。这虚化之笔还有实景之绘,融成一境,心入笔端。可他心中那个女子正在其中,热闹之中,又有寂寥,新成一段痴情。那佳人何在,千难万险,寻寻觅觅找她不到。疲惫与无奈,欢喜与悲叹交织在他的内心之中。灯火微阑之间,蓦然回首,企盼已久的她就在那里静静驻足。

这般美景,如此佳缘,让人有一种繁境中的清静,情浓之处的感叹。辛弃疾的铁血豪迈的词风之中也有这样的婉转之情。他本就是寓深情于豪迈之内,此词柔婉中透着凄寂之感,似有落寞却又清高自许,就如寒梅冷之艳,静之美,情之至。词家三昧,婉然不尽,妙绝千古,置于婉约大家之中也略有胜场。

词的上片主要是说游观之盛,词的最后三句才见风骨。凡热闹之中必有零落之人,凡繁华之内必有狂狷之辈,不与世同流,有高格之情思。

王国维将人生之境分为三种认知境界,将"众里寻他千百度,那人却在灯火阑珊处"称为最高境界。

避喧就寂,恋恋不舍,这是理想中的人,追逐的梦中人。"昨夜西风凋碧树,独上高楼,望断天涯路","衣带渐宽终不悔,为伊消得人憔悴",为人和做学问都一样,先是在困境中挣扎,不知道路何方,或以为自得,实却不知归途是何。当存了疑问,又此生无所依傍,体验到了孤独的滋味,方才会去探求这个谜题的根本。有才识之士去穷经皓首,阅遍古籍,想从历史中,从学问中找到那种解开人生谜题的钥匙,"为伊消得人憔悴"。千回百转,万般苦痛,无限悲慨,茫茫然,不知出路何在,可忽然惊觉,原来心中想要的那个谜底本来就在那里。

这个领悟求索的过程,是至痛至苦的。想达到更高一层的境界,就要付出无数的辛苦。研究学问中的灵机忽现是日积月累而来的。为人也是如此,做了无数的错事,痛之至极,也就快到了更真纯的地步,最终会发现一切都没有变,变的是你自己。而你也没有变,只是还没有走出困局,走出来就又是一番天地。虽然又是一番天地,但仍是那个最真实的你。

情为何物,也许就是这种执着,才能成就一个人一生的理想,也许就是这样一种单纯的求索,才会让人不再彷徨无助,不再觉得孤独无依,经历就是最大的财富,无论是苦痛的抑或是喜悦的。

曲高和寡,不同流俗,但只要是自己想执着,那就是美的,就是无怨无悔的。这一切本就在内心之中存在的,外界的种种是影响不到的。

辛弃疾寂然自守他的本心,追寻他的理想,无论是在哪个地方辗转,无论在哪里被碾压,他都是如此坚强。不会屈服,也不会低头,因为他心中也有那样一个更加美好的人,更加美好的境界。正如王国维曾经说过的:"夫人积年月之研究,而一旦豁然悟宇宙人生之真理;或以胸中惝恍不可捉摸之意境,一旦表诸文字、绘画、雕刻之上,此固彼天赋之能力之发展,而此时之快乐,决非南面王之所能易者也。"

在这样的月夜，他能不尽然将情投入，美愿成真，千百次的回首，千百次的折磨都甘之如饴。辛弃疾终不忘他的旧梦，以千般心绪，万种柔情，融入词境，才会开辟一番新天地。

这时辛弃疾的疲累在这一刻都洗去了，时间无情，明珠无投，但那颗搏动的心，仍在激荡。他会继续走下去。

带湖之畔有很多在乡村生活的农人，辛弃疾也写了一些关注农民生活的词作，赠送给他的友人们，激励大家要在任职之时，多为百姓谋福，是他的词作的重要方面。

《满江红·送信守郑舜举郎中赴召》

湖海平生，算不负、苍髯如戟。闻道是、君王著意，太平长策。此老自当兵十万，长安正在天西北。便凤凰、飞诏下天来，催归急。

车马路，儿童泣。风雨暗，旌旗湿。看野梅官柳，东风消息。莫向蔗庵追语笑，只今松竹无颜色。问人间、谁管别离愁，杯中物。

辛弃疾在信州遇到郑汝谐（字舜举）之时就向别人说："此老胸中有百万兵。"郑氏是被派到信州做官的人。辛弃疾是非常识人的，包括他对王自中也很欣赏，王自中少年自负不凡，是有自我见解的人，辛弃疾喜欢他的性格。

他送郑氏的这首《满江红》开篇就赞美郑氏虽然年迈，能够得到君王见召，就不负平生之志，听说是君王欣赏他的太平长策。辛弃疾对这样有机会被重用的主战之友必然大加褒奖，长安正在天西北，大气磅礴之中，说出辛弃疾对国家大治的渴望。郑氏得到这样的喜讯，他给予了最深的祝福。

离别之情，却以儿童之泣衬托出郑氏的仁义，是为百姓立旌旗以平塞北，正是东风有好信的祝福。忽然，他的笔锋一转诉自己之愁。辛弃疾仍然怀着朝廷不召见他的怨念。

辛弃疾重情厚谊，方能有这么多的良朋挚友。某些人仅是利用别人，根本就没有远大的目标。他们闻利而动，小人常戚戚，那才叫作结党，一旦有危机就自顾自先走了。有利则聚，无利则散，这样的事情是常见的。辛弃疾明知这些人升职之后，未必对他会有什么帮助，而他也不指望这些，只是想让这些人能够抗金成功，为国家之兴盛做出大业，这是非常好的人品。这才是有大格局的人。

一心总想着将别人拉下来，自己爬上去的人；或总惦记着套别人成功的秘方的人；或以为别人是傻子，可以任由戏弄的人，真的是不值一哂的。

有人认为不能随意评判一个人，因为你没有这个权力。那么，请问难道英雄也是不能被评判的吗？是不能够被定义的吗？这样是不是全成了所谓的无限度自由，那将是一个怎样的黑白不分的世道？虽然现实人生里，很多人是在灰色地带生存。人性也是有阴暗面，也是很难被改变的。但因为如此，才要善恶分明，爱憎分明，要以积极之态度生活，对恶毒之事要抨击，而不是放任自流。

辛弃疾的英雄伟迹之所以能够得到时人的认可，与他的立场坚定，胸怀宽广是分不开的。他担任一方职守之时，最关注的是百姓的民生疾苦。凡是能够利民的事，他能做的就一定做到。他在湖南之时，赈灾济民，兴修水利。即使他闲居之后，也仍然心系黎民。他在《浣溪沙》中吟唱："父老争言雨水匀，眉头不似去年颦。殷勤谢却甑中尘。啼鸟有时能劝客，小桃无赖已撩人。梨花也作白头新。"

他在带湖的隐居生活，不是"离地三尺三"，而是始终与农民有深切的接触，对民间疾苦有所感知的。

宋代的很多士大夫对农业之事，不过是一种闲情雅致的诗思，并不是真的想去和这些农民打交道。所谓田园诗，大多只是观景看物，诗文中绝少有亲切的人物交流画面，就算是能够提及的丰收之喜和农事之乐也都是泛泛而谈，逢年过节，写写"总把新桃换旧符"之类沾喜气诗句。

辛弃疾却不是，他是真的能够得到家乡父老的喜欢。他当官的时候，百姓安乐富足，乐于为他列酒罗浆；他闲居的时候，也时时关注农人的日常生活，"文字起骚雅，刀剑化耕蚕"，因此，他对那些将要去地方任职的朋友，也叮嘱其要关注民生，做到为官一任，造福一方。信州通判黄停去职时，他即席赋《玉楼春》相赠。

《玉楼春》

往年茏葱堂前路。路上人夸通判雨。去年拄杖过瓢泉，县吏垂头民笑语。

学窥圣处文章古。清到穷时风味苦。尊前老泪不成行，明日送君天上去。

百姓的笑声是对官员最好的犒赏。他希望老友在任之时都能够勤勉做事，能得到百姓真心的拥护和赞美。诗圣杜甫多有这样的重视农人生活之语，是把自身的经历与民生的苦痛都联系到一起，形成一种新的大境界，将诗歌的品质提升上去。辛弃疾务农商的诗歌，更是与他曾做地方官的经历紧密相联系的。他也曾经兴修水利，救济灾民。他明白要深入了解民众生活，才能做好实政。辛弃疾的一番心意让他帮助了无数被官场中的冷酷现实伤透了心的官吏，让更多的人坚定了他们的想法，继续前行。

辛弃疾也有一些比较轻松随意的作品，这些作品充分体现了他的生活乐趣，也有很好的艺术技巧呈现。例如他的《丑奴儿》。

《丑奴儿》

少年不识愁滋味，爱上层楼。爱上层楼，为赋新词强说愁。

而今识尽愁滋味，欲说还休。欲说还休，却道天凉好个秋。

"少年不识愁滋味，为赋新词强说愁"，这句词都成为今天人们耳熟能详的句子了，少年的心性情感，喜欢故意作老成之态的心理被他妥贴地表现了出来。

那年，他学舞剑，剑气镇神州；那年，他学写词，无非春愁秋悲，辞藻虽妙，但内容不深厚。因为他没有经历过苦难，就不懂得愁滋味，总想比别人强些，就"爱上层楼"，搜肠刮肚，强说愁情。今年，他已老迈，所有的坎坷愁怀都已经吃透了，倒是不想再说什么不乐意，不高兴，不愿意，再也不想抱怨，也没力气吐槽，因为没有什么可以支撑他的，看透了世间的炎凉冷暖，他只能叹道："天凉好个秋"。

这是所有人的共鸣，几乎每个人都是这样走过来的。在辛弃疾的笔下却写得如此凝练，绝高的文字技巧在宋一代词家里再难其匹。词的对比强烈，凡人的心路成为最让人品味的深长意蕴。

辛弃疾的名作之多，让人赞叹，哪怕是这样的闲文碎语，也皆有真知在内。辛弃疾写词却并非是一个快手，而是反复深入研究才得到佳句，是长期思索后的人生感悟。

岳珂在《桯史》上记载，辛弃疾曾自诵《贺新郎》及《永遇乐》词请在座的人指摘其失，有人提出《贺新郎》词首尾两腔相似，《永遇乐》词用事过多，辛弃疾就一日之内改了十多次，经过几个月的打磨还未能完稿。他的词不是奋笔而来，而是经过苦思深学，方能写出来的绝作。这也足见辛弃疾做每一件事情态度之认真，方能有所成就。

当然，作为一位才子，辛弃疾的生活里也是有文艺的情趣，他在带湖之滨的优美景致之中，与梅花相伴，松竹为友，烹茶煮酒，习剑赏琴，别有一番风景。与他相伴的女子自然也是不凡的，可是却有一首词引发了争议，有人竟以此词说辛弃疾也有过驱逐侍妾之事。

这首词就是《祝英台近·晚春》。

《祝英台近·晚春》

宝钗分，桃叶渡，烟柳暗南浦。怕上层楼，十日九风雨。断肠片片飞红，都无人管，更谁劝啼莺声住？

鬓边觑，应把花卜归期，才簪又重数。罗帐灯昏，哽咽梦中语。是他春带愁来，春归何处？却不解带将愁去。

根据张端义的《贵耳集》记载："吕婆即吕正己之妻……有女事辛幼安，因以微事触其怒，竟逐之，今稼轩'桃叶渡'词因此而作。"

这吕正己的女儿的确是嫁给了辛弃疾，夫妻两人吵架本是正常事，如果真的是辛弃疾因为这些小事就赶走了吕氏之女，然后还要写这么一首情悲意切的词来劝其归来，这不太合常情。吕正己是当朝大臣，很有势力的人物，辛弃疾也没有必要去得罪这么一个人。

还有人说这首词不是辛弃疾在带湖之时写的，那么他就是在任职期间。就算是辛弃疾因为一些小事，与夫人发生了口角，也不可能有逐妻之意，若是他在任所，更不太可能行这样的事。总之，这种说法非实。

的确，有言官曾经拿"好色"来说辛弃疾，辛弃疾也确实有过几个侍妾，可是翻翻宋史，除了岳飞以外，有几个宋代的大将名臣没有侍妾呢？苏东坡不也是有朝云相伴吗？

在宋代周煇的《清波别志》记录了辛弃疾把一名叫整整的侍妾送给为妻子看了病的医生。辛弃疾自己也写过一首《好事近》说了此事。在那时，宋代的这些文人经常会有送妾于人的做法，包括苏东坡，这也不能说辛弃疾是如何好色。

再者说，刘邦也被骂成"贪财好色"，这对他成为雄主又有什么影响呢？史书的大关卡能过去就可以了。辛弃疾的政绩斐然，方把私德拿出来说事，何况贪财是捕风捉影的，只因为辛弃疾盖了宅子又太爱炫耀，方惹人眼红。

说到底，这首词是写的闺怨情结，这类题材在辛弃疾的词作中比较少见，就有各种说法出现。从词意来分析，读者却更能见辛弃疾的深意之处。

《祝英台近》的词牌就是以梁祝之故事来取调名，"宝钗分"，指宝钗分为两股，白居易的《长恨歌》就有"钗留一股合一扇"，粤剧也有《剑合钗圆》，都指与女子的爱情合离，钗是为情人信物。辛弃疾却将其反用，你我在桃叶渡口分别，宝钗也分为两股。桃叶渡，王献之有妾名桃叶，分别后他写了《桃叶歌》云："桃叶复桃叶，渡江不用楫"，所以有学者认为这桃叶江不是实有的，而是虚指。

晚春时节，迷迷薄雾，脉脉烟柳，混然不知何故。她不敢再登高远望，情意纠缠，只怕那凄风苦雨连日，片片飞落的残花，竟无人怜惜，还谁能够劝慰啼莺，叫它不要再唱春去。她细看鬓边的花朵，细数一片片，占卜情人的归期。刚刚插回，都摘下来重数，反反复复，无休无尽。"罗帐灯昏"，罗纹的帷帐中灯光昏暗沉沉，她反复低语："是春天把愁带来，可是春天却又归向哪里？为何不将我的忧愁也带走？"

下阕词已然写出这是一位女子的思恋之情，她用卜花之法来算恋人是否会归来。整词低郁婉转，欲说还留，思绪徘徊，将不尽的情丝缠绕，分外的娇柔和婉。谁也不会想到这么一首词是出自辛弃疾之手。

英雄也儿女情长，越是刚硬的男子，越有着脆弱的一面。他需要别人的情感抚慰，他想象着闺中女子的离愁，细心写着她的思恋，她的愁怨，感人心魂。辛弃疾总是带剑举酒，挥千古江山之姿态，手握数万之兵而面不动色之人，内心深处却有这样一番柔情蜜意，把剑斩狂龙，簪花为娇娥。这首词的绘写非常细腻，拈花思恋心上人，全是怀恋，全是思念，没有一丝一毫的怨意与悔恨，只是浓浓的忧伤。

他以笔勾勒着思妇细腻的情思，情感抒写得美丽动人。爱侣分别，相互追恋；又似女子怀情，难以自禁，反复饮泣，前前后后，来来往往，心事纠结的，都是与恋人分别的眷眷深情。妩媚风流，柔婉细腻的笔触，也让人看到了另一个辛弃疾。

但这首词真的写的是男女情爱吗？不尽然，有学者认为这首词是辛弃疾表述他与宋孝宗之间关系的词。宋孝宗有意行大事，起用辛弃疾，但不能抗拒那些谗臣的力量，只能暂时弃用辛弃疾。辛弃疾因此蒙受了不白之冤，受了不少小人的暗气，对于这些事孝宗皇帝却不知道，辛弃疾只得将此意绪委婉以词说之。黄蓼园在《蓼园词选》中认为此词必有所托，说："史称稼轩人材大类温峤、陶侃，周益公等抑之，为之惜。此必有所托，而借闺怨以抒其志乎！"

"烟柳暗南浦"之句就是说无法表达，无处释怀的郁闷心情，"怕上层楼，十日九风雨"，是说关于政事只有他们少数几个人能明白，旁人都是鼓唇摇舌却不知所谓的。

收转上阕的情绪，"鬓边觑"又映衬着"片片飞红"，转回，再到写"梦中语"，反反复复，词愈转愈深，引人愁肠。全词没有一个"怨"却笔笔有怨。

从词法来看，上阕三字到五字，急促渐缓，忽转四字到五字，再起一折，六字、四字、七字，看似字变缓，但词的声容却越来越紧张，接着再收敛"莺声住"，已将愤发的词势收住。下阕又缓急相应，最终将一个问句留给读者，整个词法多变，正如郭麐的《灵芬馆词话》卷二所言："绵邈飘忽之音最为感人深至。"

根据龙榆生先生的分析，辛弃疾在这首词上下阕都用了三个平收的句子和仄收的句子互相参错，构成了刚柔相济的声之美，有些句子的平仄安排略作拗怒，比如"烟柳暗南浦"、"十日九风雨"等，在每个句子的中心显示起不一样的音韵。接着，他换上谐婉的四言和六言平句，紧跟着情绪走，最后成为千折百转，回肠荡气之作。可见清代的陈廷焯在《白雨斋诗话》里说："稼轩最不工绮语。"这个评语是有失公允的。

沈谦在《填词杂说》云："稼轩词以激扬奋厉为工；至'宝钗分、桃叶渡'一曲，昵狎温柔，魂销意尽，词人伎俩，真不可测也。"这是一个非常到位的评价，一个真正的文学家不可能是专擅一体，应是取众长而独具一格。

辛弃疾就是能够开宗立派之文学家，在多种词牌风格中，他都能善化用，将字词安排尽善，又不失辛词的当行本色，自有一种面目。

陈鹄在《耆旧续闻》云："辛幼安词：'是他春带愁来，春归何处，却不解带将愁去。'人皆以为佳，不知赵德庄《鹊桥仙》词云：'春愁元自逐春去，却不肯随春归去。'盖德庄又体李汉老《杨花词》：'蓦地便和春带将归去。'大抵后辈作词，无非前人忆道底句，特善能转换耳。"

词之好坏，如诗歌一样"无达诂"，诗学有溯源讨流之学，皆有传承，模拟而能自成一家，而辛弃疾的词作当然亦有传承发展之处，也自能导源后学。词家非能自专其美，因循而变化，自然而理顺情真，就是好词。辛弃疾的文字技巧是隐入情感之中，能让人不觉突兀，辗转情思，如春水摇荡，如舞袖婉柔，如卷风入怀，一愁不去，万愁攒集，自有其味道。

正如俞彦在《爰园词话》云："唐诗三变而愈下，宋词殊不然，欧、苏、秦、黄，足当高、岑、王、李；南渡以后，矫矫陡健，即不得称中宋、晚宋也。惟辛弃疾自度梁肉不胜前哲，特出奇险为珍错供，与刘后村辈，俱曹洞旁出，学者正可钦佩，不必反唇并捧心也。"

辛弃疾如何明珠暗藏，是时命不予？终是如他自言，是他的性格，不能够顺从晦暗世道，不擅于在官场里如玉环飞燕那般附会迎合，常在不恰当的时机陈曲直于朝廷，错失进步之阶。可这又明明是一个有思想的文人必然所为。

孔夫子周游列国以望能行其策，颠沛流离从未放弃。很多人以为其谋权，却不知其中心要旨，即是行"内圣外王"之道。辛弃疾虽然仕途蹇坷，可他信仰未变，就是一种很成功的人生。在辛弃疾流迁奔波的二十多年间，频繁调动37次。可他从来没有糊弄工作的时候，总是要把能做好的事做好，能办到的事就尽一切机会去办，不会畏惧任何权势的压迫。他在意的是所做的事能不能尽善尽美，是不是对国有利。

江海滔滔　干戈未息

在带湖之滨住了整整十年的辛弃疾，竟然在1191年的冬天突然被朝廷起用为"提点福建路刑狱公事"。1192年的春天，他就要去福州任职了。

他已经五十三岁了，大好光阴就那样白白逝去了，这个职务比他之前的湖南安抚使要低很多，地方也偏远。可是，辛弃疾却毫无怨言。他多年对时事的关注，满心的力气没处使，终于等来了再次起复，心中依旧满是希望。

福建对南宋来说是很重要的地区。南宋时期，全国政治、经济、文化重心南移，贸易繁荣。宋高宗当年被金兵逼得逃到海上，也知这些海岸边防的重要。武夷山地区文教兴盛，人文荟萃。理学家朱熹先后创办了武夷书院、考亭书院，培养大批学生，创立了闽学，武夷山遂成为理学名山。

辛弃疾来到福州，他是主管刑狱的，要求属官们要奉公守法。他建立了比较严格的考察制度，加强对吏治的管理。他倔强的本性一点也没有改变。在他的治下，原来可通过吃对家、捞双方的打官司钱的吏员们都没了油水；本来盼着多得点赃钱来中饱私囊的职官们，也要把手脚收拾干净了。这下就惹得很多人对这位新上任的刑狱公事心生不满，很多州郡的守令对他的行事作风都颇有微辞。

下边的人不爱听令，已然很让人头疼，可连辛弃疾的顶头上司福建的安抚使林枅对他也开始看不顺眼，事事掣肘，处处和辛弃疾闹意见。当时一代儒宗朱熹正在建阳闲居，辛弃疾有很多烦扰的政事会和他沟通，有好友宽慰，才得少许平静。

这年的九月，林枅去世，辛弃疾以提点刑狱兼摄安抚使之职。虽然职位上升了，可他仍旧不得人欢喜。为什么辛弃疾会如此招人烦呢？因为他推行了"经界"和改变盐法的建议。

如前所述，辛弃疾一直很关注土地兼并问题，而宋朝对这个问题向来是不管的。土地集中在一些豪强的手中，而且不收他们税，税仍由原来的业主所存，正是"有产而无税"，后者"无产而有税"，在福建路，这种现象特别严重。

"经界"之法就是清查土地的所有权和均平赋役负担的意思，这个建议曾有福建任职的多个官员提出过，但都未被采纳，辛弃疾不畏惧，继续提出来。

再者，他还观察了官运官销食盐有很多弊端，官吏苟简，多以灰土杂之食盐之内，食盐质量不合格，使得私盐盛行。私盐之价复增，又让官盐卖不动，就这样形成了恶性循环。

1192年，他主张用"钞法"来解决问题，能够把经费足用的同时，还能保证民生，改盐法之弊端，就是官府准许盐商认购税款，然后给他们证件让他们贩运包销食盐。这种方法虽也不是尽善，但还好些。

辛弃疾的好朋友里有不少是曾经在福建做过官的，这些人常与他交流政务，很多见识相合。当他自己亲身来到福建之后，切身考察感受到民生疾苦，才决定再次把这些建议提交上去。他明知道会碰钉子，很有可能被驳回，都有前车之鉴了，可他依然要这么做。

当他被一些人中伤的时候，心里也很酸苦，时不时也会怀念起当年在带湖时的隐居岁月，这种情绪会反映到他的词作之中。

辛弃疾为朋友赠别，却不由得总会把伤感化入其中，他的《临江仙》词云："海山问我几时归，须富贵何时"。他在《水调歌头·壬子三山被召陈端仁给事饮饯席上作》里也表现了这种伤感。

《水调歌头·壬子三山被召陈端仁给事饮饯席上作》

长恨复长恨，裁作短歌行。何人为我楚舞，听我楚狂舞？余既滋兰九畹，又树蕙之百亩，秋菊更餐英。门外沧浪水，可以濯吾缨。

一杯酒，问何似，身后名。人间万事毫发常重泰山轻。悲莫悲生离别，乐莫乐新相识，儿女古今情。富贵非吾事，归与白鸥盟。

这本是在席上饯别好友的作品，可是绵绵的悲伤弥漫在词境之中，谁能为我楚歌？何时能再看那楚舞？他化用戚夫人的典故，将知音难觅的离散愁怀写尽。

什么名声，什么生死，更有什么富贵，皆不如相知之情，动人心魂。古往今来，最伤人的是情，可真能把情相守到底的又有几人？四十已不惑，五十已知天命，可他仍然要执着一份痴，偏恨，偏不觉，万年衣冠，千古功名，又何如归隐，去行那白鸥之盟，逍遥山水之间。

朝廷的之事风云变幻，而他的心事却始终如一。他在福建任职之时，又与朱熹和陈亮会面。

此时的皇帝已然是宋光宗，当他被皇帝召见之时，他仍然提出国防线之军事实力的问题。他仍旧主张要加强荆湘一带的军事防备以防敌人溯江而下，危及其他州郡。

他一片热诚皆为固南宋之金汤基业。皇帝没有重视他，让他在临安做太府少卿。此时的辛弃疾已然有些灰心，他离开三山去临安之词作《鹧鸪天》中写道："闲愁做弄天来大，白发栽埋日许多"，已然预感到前路茫茫。

果然，半年后，朝廷又改派他去做福州的知州兼福建路的安抚使，那时的福建常有海盗出没，由于当时赵氏皇族的一支也在这边繁衍，所需的费用浩大。福建又多山，民众收成不好之时，就难于应对。

辛弃疾经过全面筹划，建立了"备安库"，不断节省开支，很快就积满了五十万贯来供应军饷和皇室。辛弃疾多方为军费张罗，无论在哪里，他都会希望能够有好的战略。他希望买一万铠甲，把军事力量补充上去。

　　可惜，还未等到辛弃疾实行他的军事计划，就有人跳出来弹劾他"残酷"，"奸赃"，朝廷也全数罢了他的官，只给他一个挂名的主管建宁武夷山冲佑观的差事。其实是不需要他去做事的，他只能回到带湖之滨了。

林泉含泪　醉酒当歌

此时正值新皇帝登基，朝内政斗激烈，韩侂胄自恃有拥立之功在朝廷上擅弄权威，朱熹看不上，就在皇帝面前弹劾他"擅权害政"，结果因为势力不及，最终被罢官。辛弃疾与朱熹等人来往密切，自然也被打击。

朝廷一再将辛弃疾的职名下降，加上后来御史中丞何澹奏劾，辛弃疾连最后一个职名"秘阁修撰"也被拿走了，接着1196年的9月，有言官弹劾辛弃疾，竟连他的"冲佑观"的空名也没了。至此辛弃疾所有的名衔都没有了。

辛弃疾虽然官途坎坷，但他还幸好有个比较好的家庭。首次隐居带湖之时，辛弃疾的夫人就为他生育了儿女，他非常高兴，提笔写词，是一番慈父心肠。

当辛弃疾帅闽之时，他的夫人已然四十五岁以上了，他为了给夫人过生日，又写了一首词《浣溪沙》，有句云："两人百岁恰乘除。婚嫁剩添儿女拜，平安频拆外家书。年年堂上寿星图。"果然是恩爱之极的。

辛弃疾本就是深情重义之人，数次罢官，虽然已不似初时那般心结难解，还是有未能开释之处。

此前，辛弃疾曾来到铅山县的期思市，这里是上饶之处有名泉的地方。他看中了这里泉水之甘冽，就买了几间房屋。他经常来这边来赏玩。他在福建任职其间，常常约好朋友来这边叙情说话。他这次又来到了期思，建好宅子。

1195年，带湖那边辛弃疾的房子失火了，他就带着家人搬到了期思市这边来住。他又开始了闲居的生活，不断地与士大夫友人游玩山水，饮酒赋词。

与他交往的词作之中，可以看到他交往的人也都是些有特点之人，比如赵蕃是淡泊自守的，曾任几回小官；比如傅为栋是一个绝意仕宦，捐钱济民的富翁，即使是赵室宗亲也不是恃势欺人。

从他的交往中明显可以看出辛弃疾重人的志趣、情怀、人品，而不重对方是否对他有利。他的词作之中也有一些闲适之意。例如，他在《水调歌头》中所写的："众鸟信有托，吾亦爱吾庐"等等。

朝廷之中却仍然斗争激烈，韩侂胄为开府仪同三司、万寿观使，以纠结徒党罪名再罢斥朱熹及其门徒。

韩侂胄是一个颇有争议的人物，在他掌权之时，为岳飞平反，又将秦桧称为"谬丑"，积极主张北伐，实则心机却很深。此人为了保住权位也是无所不用其极的。历史就是这么富有戏剧性，让人有时真是无法理解。

1197年，五十八岁的辛弃疾隐居铅山，他本以为从此也就没有什么再为朝廷做事之机会了，不知为什么在1198年，朝廷恢复了他集英殿修撰的职位，让他主管建宁武夷山冲佑观。对此，连辛弃疾自己都不太理解。

他在词作《鹧鸪天》里这样写道："老退何曾说著官。今朝放罪上恩宽。便支香火真侍俸，更缀文书旧殿班。扶病脚，洗衰颜。快从老病借衣冠。此身忘世浑容易，使世相忘却自难。"

他没有为了复官之职奔走，不知为何能重拜官，真是皇帝上的恩德宽大。表面上他是这样的意思，但从"老病""扶病"等等字句之间，可以看到他心中对这种任命的不理解。

他马上就要六十岁了，他这个闲职名头挂着虽无益于他的志向功业，但他还是要去的，这是他仍有意于政务。虽然他不再少年气盛，见不得好些藏掖，也不是甚理解官场里的机巧，可是，仍然是"君看庄生达者，犹对山林皋壤，哀乐未忘怀",时时记着国事。

庆元五年,也就是公元1199年,辛弃疾家居在铅山。他的词作中多了很多与酒相关的题材。有佳泉之处必有美酒,而能借酒解忧,借酒抒怀的也正是辛弃疾。从他的词作之中可以看到与陶渊明的诗歌里那种质朴实腴一样的丰厚,他不再是那个狂狷的少年侠士,而是多了一份老成浑厚之美。

对民生的关心上,对自然之渴望上,他仍然有着美好的理想。从来学陶者多,似陶者难,就是因为陶诗是自然而得,更重要的是有一种理想主义的光芒。这种精神也是让辛弃疾的词作能够流传的原因。他学的是陶渊明的"猛志固常在"的风骨,学的是国家之利益重如泰山,美景只不过是消愁解烦而已,《水调歌头·九日游云洞和韩南涧尚书韵》里,他写道:"今日复何日,黄菊为谁开。渊明谩爱重久,胸次正崔巍。酒亦关人何事,政字不能不尔,谁遣白衣来?醉把西风扇,随处障尘埃。"在《洞仙歌》里他又说:"东篱多种菊,待学渊明,酒兴诗情不相似。"

陶渊明是古来很多仁人志士的标尺,当他们失意之时都会学千古高风的陶渊明,以隐居藏志,而非放弃一切。辛弃疾知道当时的朝廷的党争已然严重到何种地步,但是他坚定自己的信念,没有一丝一毫的惧怕,这也是难能可贵的。

曾有清代学者翁方纲认为白居易的诗就有陶渊明的学问渊博之处,凡是字句之间都有深意,而又能直近浅白,让人不隔而悟。那么,辛弃疾的词作之中亦多典故,但又无古董铺的罗陈百宝生烦之感,这也是其学陶之胜处。

可他的好友朱熹的命运更加不妙,在朝廷之中被反对派折磨得要死。此时,发生了一件比较重要的事件,就是1197年的"庆元党禁"。

朱熹本是继承了北宋之时周敦颐、两程等人的学问,主张理学和道学,推崇"修身养性"、"正心诚意",关键就在于一个"诚"字,而他当初是被赵汝愚推任为官的,而赵汝愚与他都对韩侂胄不满。虽然此时的朱熹已被排斥出朝廷。可是他的理学却被士子们多有推崇,因为不让人们报国杀敌,也就只能选择明心净性这一路来做道问学了。

韩侂胄却是非常不放心的,认为朱熹是在利用这些人来搞一些政治活动,而不是在做学问。他将这些朱子门人都说成伪道学,不让学过理学的士子们参加科举考试。这也就是说作为朝廷大典的科举必须要查清士子们的身份才能决定是否有资格应试,这样一来,与朱熹交往甚多的人都被限制了活动。

辛弃疾一直认为朱熹是难得的人才,他在去福建之时就曾去武夷精舍与朱熹相会,朱熹也认为辛弃疾是"早向里来有用心处,则其事业伟俊光明,岂但如今所就而已?"朱熹成为辛弃疾莫逆之友。辛弃疾曾赞朱熹为:"山中有客帝王师","千古历数尧唐千载下,如公仅有两三人",的确理学的影响远远不仅是宋朝,一直到明清都有很深的传承。

后来辛弃疾因为与朱熹关系密切,一再受到弹劾,好不容易有了"主管建宁府武夷山冲佑观"的虚职的他却不顾"庆元党禁"的严酷,总是跑去武夷山与朱熹会面。

朱熹还给辛弃疾写信让他克己复礼,勉励他能够继续为国做呈。辛弃疾的好朋友傅岩叟捐直发廪赈乡里之饥。辛弃疾知道这样的善举之后,希望能为友人奏官。他就是如此愿意提携善意友人的,不会顾及自身是否会受伤害。

庆元期间,暴风骤雨,1200年的三月,一代大儒,他的朋友朱熹病死。朝廷下诏禁止人们到武夷山去会葬。辛弃疾却不管那么多,他写了一篇词来悼念:

《感皇恩》

案上数编书,非庄即老。会说忘言始知道;万言千句,不自能忘堪笑。今朝梅雨霁,青天好。一壑一丘,轻衫短帽。白发多时故人少。子云何在,应有玄经遗草。江河流日夜,何时了。

他在读庄子之文,有所感悟,又思及友人朱子之死,方将此词以赋。他为哭朱子之才学，之见识，再不能相识，是一种恨。他已经六旬了，方有"白发多时故人少"，他的朋友们是一个个地离开了，而朱子去世的同一年，韩侂胄权位仍高，加太傅。眼看着朝局黑暗，可是忠义之士却消散，这种隐痛又与谁人倾诉。

据史家考证，辛弃疾不顾那么多忌讳，亲自去武夷山吊祭朱熹，还写了一篇祭文，上有"所不朽者，垂万世名。孰谓公死，凛凛犹生"，他等于告知天下人朱熹是何等样的学者。辛弃疾的儒将风度也一览无遗。

整整八年的闲居瓢泉的生活，这位老将已然看透了人间离合，他在《鹧鸪天》里这样写："万事纷纷一笑中。渊明把菊对秋风。细看爽气今犹在，唯有南山一似翁。情味好，语言工。三贤高会古来同。谁知止酒停云老，独立斜阳数过鸿。"

这位老者回忆起来，少年潇洒挥动的美感，晚年清秋飞雪的爽气，总是一脉的，此时无招胜有招，总归一片碧玉心。

《贺新郎》

甚矣吾衰矣。怅平生、交游零落，只今馀几！白发空垂三千丈，一笑人间万事。问何物、能令公喜？我见青山多妩媚，料青山见我应如是。情与貌，略相似。

一尊搔首东窗里。想渊明《停云》诗就，此时风味。江左沉酣求名者，岂识浊醪妙理？回首叫、云飞风起。不恨古人吾不见，恨古人不见吾狂耳。知我者，二三子。

这一天，他瓢泉之处所建的居所有一处叫"停云堂"。他的这首词就是仿陶渊明《停云》"思亲友"之意而作，此词约作于宋宁宗庆元四年左右。

辛弃疾首句就引用了《论语》之典，孔子之句有："甚矣吾衰也，久矣吾不复梦见周公。"孔子说的是他的儒家思想在当时不能够推行成功，而辛弃疾说的就是他的大道不能行，心中的志向无法达成，岁月却已悄悄溜走。他这句"只今馀几"与结句"知我者，二三子"首尾衔接，用以强调"零落"二字。

所有他认识的挚友都渐渐离去，能够携手共为抗金大业出力的人难以再有作为。接着他连用了李白的"白发三千丈"之意等典故来衬托他的老大无成心中的苦境，竟再没有可以令他欣喜的事情。

"我见青山多妩媚，料青山见我应如是"两句，是奇警之语，因为没有物可以让他感觉到欣慰与高兴，只有那青山美丽，他也只好与青山相对，想象着青山见他也是如此。这句话非常绝妙。

后来，女中豪杰柳如是就把这句词的末两字干脆做了她的名字，也可以说英雄之气并非仅在男人，女人身上也是有的。若是寂莫之时，不须自弃，只需要想到与物同乐，有惜物之心，就是好事，物自然也通人之情，"情与貌，略相似"。

他将自己的情与青山相比，他宁愿成为青山一座，孤静落寞，也不和那些小人同流合污，祸国殃民。

"一尊搔首东窗里，想渊明《停云》诗就，此时风味。""江左沉酣求名者，岂识浊醪妙理？"两句，他想起陶渊明的《停云》诗，以渊明自况，也是讽刺那些求名为利之辈不会明白他的心意。那些"醉中求名"的人，未必都是臣子，南宋皇帝也是如此，这是他一笔辛辣的讽刺。

"不恨古人吾不见，恨古人不见吾狂耳"两句，据岳珂《桯史》考证，辛弃疾每逢宴客，"必命侍姬歌其所作。特好歌《贺新郎》一词，自诵其警句曰：'我见青山多妩媚，料青山见我应如是。'又曰：'不恨古人吾不见，恨古人不见吾狂耳。'每至此，辄拊髀自笑，顾问坐客何如"。

辛弃疾对这两句是非常自负的，所指的古人，包括所有的忠臣良将，在他看来，明白他的心意的就是那些圣贤，就是史籍上的那些名臣大将，可是，他们又都不在了，无法能够有知音来会，见不到他的英雄本色。辛弃疾非常的自负，他才会认为这两句词是他写得比较好的，结句"知我者，二三子"。这"二三子"不仅仅是他的朋友，也可能是指所有因为他的词作而能有所觉悟的读者。

江山北望　遗恨浩叹

世事就是难料，此时那朝廷的党禁稍弛，政途久困之人间有起废进用者，稼轩亦成为其中之一。他已经六十四岁了。

嘉泰三年（公元 1203 年）的夏天，朝廷命辛弃疾知绍兴府兼浙东安抚使。显然，这个职位是非常重要的，浙江绍兴是离权力核心很近的地方，而他的安抚使是为一方面大吏，这显然不是一般的任命。

当时南宋对农户们横征暴敛，各种苛捐杂税，官商"因缘为奸"，明明是江南富庶之地，百姓却是民不聊生。几乎所有辛弃疾为地方政务上的奏折都会对这些不良的现象进行抨击。

当这位白发老者来到浙江之地，看到他之前建议的事根本没有任何的实施，恶政没有收敛，贪墨聚敛之风没有得到改善，他可以选择不说话。可是，他还是要直言。他向南宋朝廷上奏章，论述"州郡害农业之六事"。

据邓广铭先生所论，辛弃疾举了一个例子说明恶政之害，他说以前有一个大吏在某处做郡守，向民户多取了斗面米六十万斛，钱百万余贯，都存在另外的谷仓和钱库里。后来把这六十万斛粮米交出，却假称是用百万贯钱粮买来的，于是这一大笔现款便装进了这个大吏的私囊里了。辛弃疾对事情调查得很透彻，一些舞弊的过程都了解得很清楚。他的这封奏疏奏的是州县害农六事。他期待皇帝能够诏内外台察劾。

浙东"盐鹭为害",辛弃疾很早就关注盐事。他知道如果一个官员不为百姓谋利,不能够平衡好各种关系,让事物向有利的方向发展,那么这个安抚使就是失职的。他要力图消弭种种苛政弊端。

这并不容易,浙江既然是南宋的政治和经济中心,可想而知,其中盘根错节的种种利益纠葛。辛弃疾是没有朝廷根基的,借凭的是他的勇识和政绩,没有实打实的关系基础。赞他的那些朝廷之士也多迫于朝廷不愿抗金而消沉下去,强硬的那些人也被打压过。想破旧立新,把大业做出来,会有很大的困难。

辛弃疾却没时间想那么多,凡他在职一日,就要为那些苦难之人说话,就要力所能及地推行佳政,以惠利朝廷,让国家清平。

经过这么多次的坎坷宦游,这位老者根本没有改变初心。他如此这一番作为又触犯了很多人的利益。他把事情都放得很正,眼中没有什么太平安乐,而是救病扶危。

据邓广铭先生所论,他这次出仕,连他的一些朋友都深为了解其用心,朱熹的一位门生黄榦曾在给辛弃疾的一封信里写道:"明公以果毅之资,刚大之气,真一世之雄也,而抑遏摧伏,不使得以尽其才。一旦有警,拔起于山谷之间,而委以方面之寄,明公不以久闲为念,不以家事为怀,单车就道,风采凛然,已足以折冲于千里之外。"

然而,皇帝和权臣从来不会担忧这些生民的苦痛。辛弃疾的建议只能是石沉大海,没有人把他的建议认真对待。他仅仅在浙江这个职位上半年,就又被调走。

此时,辛弃疾对于他的下属县丞中有能力的干吏是有机会就多指点。当时的会稽县丞朱圣与职勤敏,就深为稼轩所敬赏。

金国在华北和中原地区的统治受到了很大的冲击,百姓蜂拥而起,举旗起义,抗击金国的侵略。而蒙古又成为金国的祸患。由于辛弃疾一直观察着金国的动向,所以他结交了不少去金国那边担任使节的臣子,这些人回来之后会向他说一些金国的情况。担任浙江安抚使的时候，辛弃疾就有意派遣了一批人去金国做细作。他二十多岁的时候就懂得知己知彼对于打败金国的重要性。

南宋谍战是很激烈的，岳飞、吴玠等人都曾向金国派遣细作。我的小说《朝天阙》里就是以此为题材写了近百位英雄。因为当时金国的军情是必须了解的，不然无以防备。金兀术在去世之时，亦说要防蒙古。蒙古在某个角度来说，可以成为南宋助力，而南宋的臣子也对此有过了解。如此一来，金国可谓是内忧外患之中。但辛弃疾也明白，若金国灭了之后，宋国的危险恐怕才刚刚开始，对头也就是蒙古。

正在这个时候，辛弃疾被宋光宗召见，要他陈述对金国的意见。这可是辛弃疾一生之中，最为重要的机会。

历史上的现实比小说更生动，经历过整整前后十八年的被弃之不用的生涯，经过数次被罢免的经历，在六十四岁的时候，辛弃疾竟然又得到了一次当面向皇帝陈述对金国看法的机会。

这是时局使然，而不是小人可以捉弄的。纵观南宋朝廷对辛弃疾的看法一直就是需要的时候，就拿来用用；不需要的时候，就什么也不听，丢到一边，辛弃疾却毫无怨言，振作了精神，细细将金国的所有情况分析了数次，就准备去面见皇帝。

好友陆游亲自赶来为他践行，陆游已经八十岁了，他是南宋诗家里爱国之情最为深厚的人。谁能忘记他的《示儿》？他的才华之高，有数千首诗为证。他的命运坎坷，其子应试，竟被当年一手遮天的秦桧排到了后边，这就是秦桧最坏的地方，他想要捧谁时就会美化到天，想要踩谁时，就不惜一切，在他的控制下，南宋军民北伐的梦想都成了灰烬。陆游这样的抗金诗人，自然要被排斥出局。陆游与辛弃疾是为好友，辛弃疾是可以与苏轼并称的词家，这两个人相会，又是一段佳话。

八十多岁的和六十多岁的两位报国志士，老眼相对，却是满有希望，就想收复河山。他们都是一生被折磨到底层的人，是一世的英雄，与他们的年纪无关。陆游在诗中写道："稼轩落地凌鲍谢，退避声名称学稼。十年高风不出门，参透南宗牧牛话。"他对辛弃疾的评价是非常高的，"千篇昌谷诗满囊，万卷邺侯书插架"，他对别人的赞誉也都是听听罢了，关键是想怎么做。

辛弃疾去京都面圣了，陆游把辛弃疾看成是管、乐一样的人物。他认为辛弃疾如果能够掌兵，就一定能够收复失地。

然而，辛弃疾并不明白，韩侂胄之所以开始重用他，一步步将他调到浙东，是为了巩固他自己的地位。因为韩侂胄在1196年曾出使过金国，对金国内部情况了解很多，加上其资格和声望都不能服众，他在朝廷的威望并不能随着他不断提升的地位而提高。他需要一次胜利来巩固地位，好树立"盖世功名"。从1204年开始，此人就打造战船，训练士兵。

韩侂胄解除"伪学党禁，以期收揽事人之心"，还想将一些抗金之官员收为己用。这就使得辛弃疾有机会发展起来，得以面见皇帝。对辛弃疾来说，韩侂胄想做什么并不重要，重要的是他能够得到这个机会和皇帝直接说话。

他认为金国兵连祸结，的确是派兵的一个好机会，必须要全面准备好再行动。他向皇帝直言要对金国派细作，知道金国虚实；必须把对金用兵的任务交给元老大臣，要积极准备。他说："务为仓猝可以应变之计。"他的意思是不让皇帝将抗金这样的大事交给那些急躁举取，重视声名之人。他说的这些人里面就包括韩侂胄。

辛弃疾有头脑，有肝胆，居然直接就说了出去，把想提拔他的人也装了进去。但是以南宋当时的状态来说，皇帝之所以忽然决定要抗金，并不是出于对百姓疾苦考虑，而是受到韩侂胄等人的摆布，而这些人是没有与金国的对敌经验的。辛弃疾所说的要多派细作，要知己知彼，不能仓促用兵，都被抛到脑后。

南宋那么多年没有与金国打仗，国家的军队都已经退化，不可能再有绝对的实力去收复失地。这些军队是没有经过长年训练的。在辛弃疾来看，就是不可用之兵，是注定的败局。要想真正与金国对决就必须有长远的打算，起码得把军队先练好。

他坚定皇帝的信心，说："金国必乱必亡，愿属元老大臣预为应变计。"这次皇帝见他之后，就加封他为宝谟阁待制，提举佑神观，奉朝请。可是再多的封赏，再高的官位，对辛弃疾来说都是没有用的，他已经六十多岁了，最希望的是皇帝能够听取他的建议。然而，他的建议没有被皇帝采纳，眼看着国家很危急，辛弃疾忧心如焚。

又过了一段时间，皇帝竟然又派他去镇江府任职，还赐金带。辛弃疾一看这个情况，就明白了。那个韩侂胄想要的就是马上出兵，而不管能不能打胜，因为他需要靠打仗来提高他的声威，保证他的权相之位。这个人根本没有实际考虑金国与宋朝的情况，也没有做好长远的准备。辛弃疾虽然知道这个道理，但他还坚持自己的想法，就不愿和韩侂胄站在一条船里。

于是他被打发去了镇江，镇江也不是什么守防的重要之镇。辛弃疾在时人眼中是张良或是诸葛亮，能够不惧危险和皇帝坦言，没想到的是仍旧是这样的下场。辛弃疾是一个不懂得气馁，不愿放弃的人。他就来到了镇江。

他此时的心情比较复杂，既对韩侂胄等人的盲目出战的想法感觉到十分危险，又想有一番作为，能够让皇帝真正明白取胜之道。这时，他写了一首词，就是流传千古的《永遇乐》。

《永遇乐·京口北固亭怀古》

千古江山，英雄无觅，孙仲谋处。舞榭歌台，风流总被雨打风吹去。斜阳草树，寻常巷陌，人道寄奴曾住。想当年，金戈铁马，气吞万里如虎。

元嘉草草，封狼居胥，赢得仓皇北顾。四十三年，望中犹记，烽火扬州路。可堪回首，佛狸祠下，一片神鸦社鼓。凭谁问，廉颇老矣，尚能饭否？

他感慨这千古江山再难找到像孙权那样的英雄。众所周知孙权曾经统领江南八十一州，而当今的这位皇帝却没有那种雄才大略，没有一统河山的大志。

虽然歌台舞榭还在，但是英雄人物的功业成绩却随着岁月的流逝，风吹雨打般，无情消逝，斜阳照着长满草树的普通小巷，人们说那是当年刘裕曾经住过的地方。刘裕之伟绩却不被人知。

辛弃疾再次用典，把他满腔的愤怒写出来，直接点出当年的他领军北伐、收复失地的时候，是金戈铁马，气势如虹，是何等威猛！当年的景物犹在，人已远逝，他对江山收复的忧虑与焦急溢于言表。

他指责刘裕的儿子刘义隆好大喜功，仓促北伐，却反而让北魏太武帝拓跋焘乘机挥师南下，兵抵长江北岸而返。这明明就是说韩侂胄等人只为了抢功就不顾"兵者，国之重器"，轻易起战机，若是失败，就将是对南宋的一次重大打击。

他又想起自己回到南方已经四十三年了，仍然记得扬州一带烽火连天的战乱场景。扬州的确是在南宋之时数次被金国劫乱，原是烟花十里的美景佳地，变得满目萧条。辛弃疾长叹，都不忍回首相顾，当年拓跋焘的行宫外竟有百姓在那里祭祀，乌鸦啄食祭品，人们只把他当作一位神祇来供奉，竟然都不知这里曾是一个皇帝的行宫。这也是在说南宋的百姓忘记了历史的仇恨，不知故土何在。

如此的一年拖一年，到最后必然只剩下一片狼藉，再论收复之计是难上加难。在这种情况之下，他不禁长叹，问道："当下的人们还有谁会问，廉颇老了，饭量还好吗？"

六十多岁的老英雄，忆然泪眼相顾，好不容易有了战斗机会，又要被一群庸官给浪费掉了。他的岁月怕已不多了，还能再起用他的计策为国家做事吗？这实在是让他不敢想。

但是，辛弃疾从来没有放下手中的笔，也不会浪费时间，马上就在镇江购置了一万套的军装，希望能够用土丁来守住淮河。

他知道当时南宋的禁军已然废弃不用多年，成为了一些惰兵。这些人是不能够上战场的，即使去守长江也无非是充个数，难以挡住金军的入侵。他认为如果真想守住淮河，就必须重新选用壮士。

他提出："至若渡淮迎敌，左右应援，则非沿边土丁断不可用。沿边之人，幼则走马臂弓，长则骑河为盗，其视虏人，素所狎易。"就是上战场就有士气，不怕那些金国人。他希望能够把这些可用之兵单独列出来，不与禁军相混，这样就不能染到禁军不好的风气。

他还有很长远的规划，就是将"淮之东西分为二屯，每屯必得二万人乃能成军。淮东则于山阳，淮西则于安丰，择依山或阻水之地而为之屯，令其老幼悉归其中，使无反顾之意，然新其将帅，严其教阅，使势合而气振"，也就是，军民一体，固守淮河。这与当年他在《美芹十论》中所说的也没有太大的出入。明明是少年之时就有的战略，待到了晚年，还要试行，想想就知道这是有多么的悲哀。

不是国家无人才，而是有人才不用；不是无人报效，而是欲报效而生疑。全程只有那些让皇帝无比信任的人，才能有一点点施展作为的机会，那韩侂胄若不是当年有拥立之功，又岂能起抗金之业？皇帝哪里会信任他呢？

一个国家的国策若是重文轻武，军事力量就会减弱，这也是很无奈的事情。辛弃疾的这一番见解同样也是不可实现的，正如邓广铭先生所论，他的计划太长远，宋廷对地方守令，向来是易置不常，任何人也不可能永在其位。辛弃疾在沿边招募士丁以应敌，造红衲万领备用的举动已然可以了，还要长远做建军之业，皇帝是不会同意的。更何况在江淮置军之业，那个韩侂胄压根没有给他这样的权限。

辛弃疾这一年，抽空读了宋高宗的《亲征诏草》，为跋其后。想来他有意从这些文章中找到能够坚定帝王用兵之心的方式。可是很快，就一年的时间，到了1205年，辛弃疾的计划没能完全实现之时，朝廷又让他去隆兴府任知府，把他从南宋国境东北部调开了。

接着，又一群无聊的言官跑出来各种弹劾辛弃疾，结果皇帝把他知隆兴府的差事也免了，只给了他一个"提举冲佑观"的空名。就是按宋朝这么一套虚名，实官等等的名头来看，也知道他们繁复的文字游戏有多厉害。

他都已经六十六岁了啊，让人更加无语的是这年宋朝对内外的军力还是暗暗加以布置当中，有名将而不用，一再相信那些无事生非的言官，这是什么道理呢？

很简单，皇帝必须有一套班子是用来控制的，总需有人为他平衡力量。这些言官往往是不论实际情况的，他们每天就是坐而论道，却在那边指手画脚，以为无所不知，这套机制随着时间的推移也是变了味道的。

到了1206年的春天，宋朝又再次起用辛弃疾让他再去当浙江安抚使，辛弃疾明知这次的战役是必然失败的。他实在是不想再蹚这样的浑水了。他就上书请辞了。这年的五月，宋廷果然下诏加强战略，金国也不是吃素的，马上就开始了应对。辛弃疾却不理这些，他回到了铅山。

开禧北伐开始了，宋廷下令分由淮南东西路和襄阳、唐州、邓州等地出师。出师皆败，所有的各线都溃败了，而且是败得一发不可收拾。"百年茸治之器一日而散，百年公私之盖藏一日而空，百年中原之人心一日而失"，而这位发表感慨的人是曾亲临现场的程珌。他认为关键就是民兵混而不分，间谍也没弄明白，军事不张，总之各方面都不对劲。他都感慨到不行说："无一非弃疾预言于二年之先者。"

金国马上加强了对宋国的军事压力，宋廷这下子慌了，着急找人到金国求和，又把辛弃疾召到江陵府做知府，让他先到杭州向皇帝面奏陈议。1207年的春天，辛弃疾的奏对之后，皇帝让他留在南宋朝廷做兵部侍郎了。

然而，辛弃疾心里明白这绝非是真的让他行实策，运战谋，而是用的诡计。这些庸官已经把摊子搞到无法收拾，于是就把当年那些与他们意见不和的人弄到其中，好为他们分谤，使他们不能失去已得到的权位。辛弃疾很明白，就很感叹，这么多年来，朝廷对他是用用藏藏，到最后关心，还是要来个虚招。他摇头道："韩侂胄既不肯与辛稼轩共立功业，辛稼轩又怎肯依从韩侂胄的私心以取富贵呢？"他就一再推辞任命，又回家去了。

当时的宋金均有罢兵议和动向，对辛弃疾来说，宋朝这帮人把他弄去就是为了让他顶锅，这种恶毒的心计，是对辛弃疾的侮辱。这时他的友人黄勉斋致书稼轩，对时事出处多所论列。辛弃疾心中仍未放弃国事，但对官场这套把戏已看得寒心了。

辛弃疾回到铅山不久，就在八月份的时候，他生了重病。这时，由于金国提出要韩侂胄的脑袋，作为双方议和的条件。这下子，把韩侂胄等人吓坏了，韩侂胄一怒之下，又要对金国用兵，竟然又要起用辛弃疾为他支撑危局了。他上表让辛弃疾担任枢密都承旨，令辛弃疾速赴行在奏事。这官职来得好快，可这诏命到达铅山之时，辛弃疾已病得沉重，他就上章请辞。

九月初十日，这是一个格外让人心寒的日子，辛弃疾与世长辞。一代英雄就这样走了，他带着所有的遗憾，就这样离开了。天公呜呼，不尽其美。

他就这样离开了，埋志青山，再无力回天的朝廷只能风吹落叶般覆灭了，再也不会有一个人挺胸扬眉对他说："真儒事"，"沙场秋点兵"！

他的剑还在鞘中，他的血已流尽，生命就这样消散了。

刘克庄《后村诗话续集》云："项平庵《祭辛幼安》：'人之生也能致天下之憎，则其死也必享天下之名。岂天之所生必死而后美，盖人之所憎必死而后正，呜呼哀哉。死者人之所恶，公乃以此而为荣；予者公之所爱，必当与我而皆行。局旦暮而相从，固予心之所爱；尚眠食以偷生，恨公行之不待！'自昔哀词未有悲于此者。"

辛弃疾，离世了，他带着遗憾走了，笔下千军，皆成泡影。幸好，那些纵横豪迈的稼轩词，让我们能遥思他的英姿俊帅，为他悲叹。一个朝代的背影，是多少英雄不得志的血泪，是多少志士的悲鸣。英雄之志不灭，无数铁血报国之人，仍在前行，辛弃疾的精神让宋词走上了新的高峰，他的雄武英豪，拔剑长鸣，在历史的星空里熠熠生辉。

后记

提到宋词，很多人会想到苏东坡、李清照，辛弃疾的名字则少有提及。虽然我是一位写过关于南宋时期武侠小说的作者，但在创作这本书之前，我对辛弃疾的了解也不过是几首词而已。

我在创作本书的过程中，详细看了辛弃疾的传记、年表、词作等书籍，受到极大的震动。对历史有了解，才会知其沉痛与无奈；对文学有体悟，才会了解沧桑与悲凉。从一位挥剑奋起，杀敌跃马的少年到白发苍苍，饮恨悲情的老人，辛弃疾是如此让人心痛。一个朝廷的兴亡，不是天使之然，而是人力所为。明明有如此的英才帅将，偏偏因为琐屑之事，不予使用，竟白白闲置了十八年，这是什么样的不公？

辛弃疾是一位能够把所有的不甘都化成动力的人，一生从来没有放弃过。他的词就是剑，字字锥心泣血，声声含悲埋愤，激昂着一曲永不消歇的壮歌。气震寰宇，壮哉山河！

徐釚的《词苑丛谈》云："辛稼轩当弱宋末造，负管、乐之才，不能尽展其用，一腔忠愤，无处发泄；观其与陈同父抵掌谈论，是何等人物？故其悲歌慷慨，抑郁无聊之气，一寄之于其词。"

英风愤慨，豪情满怀，"正壮士，悲歌未彻"，让人读完当饮酒击剑，奋起昂扬。他的词作凝结着中国人血脉里不息的爱国热情，风骨劲气凛然千古，扫空天下柔靡之气。人生最难的是什么？就是坚持自己的本心，按自己的意愿去生活，是在认清所有的现实之后的微笑应对。

忘记英雄，就不能再有前进的力量。在那个历史时期，对于南宋来说，辛弃疾就是一位英雄；对于今天的人们来说，他的词激励人心，鼓舞士气，明白迎难而上，不放弃理想，坚定信念，走下去。

辛弃疾的词作大开大阖，能够在破乱之局中找到新的生气，在古往今来的典故中发现一以贯之的精神力量，这是最让人动容的。

一腔豪气，一支健笔，一副肝胆，一片痴心。

从他的词里，仿佛可以看到少年英雄的潇洒，豪气奋发，风流当年；中年为政，勤勉为民，谋略超群；晚年坚守，全力以赴，无奈悲叹。他以词为剑，以笔为刀，划出了那个朝代的血痕，个人的不屈服与命运的荒谬性错杂，极力的豪情与涌入血液的悲壮奏起词史上的最强音。

"醉里挑灯看剑"，"可怜白发生"，"从来诗剑最风流，何须赋词强说愁"，英雄远去，精神不灭。凡以天下之事为重任者，其文字必然会有不一般的气势与境界。读他的作品，感受浩然之气，才能一洗凡俗之心，少些利欲之思，激发起雄心壮志。英雄们也是有血有肉的，生活也有浮沉，也有过痛苦与迷茫，但他们始终都是坚定的，去走自己的路。

辛弃疾已然离去，词风永壮千古。